GAO XIAO TU SHU GUAN GUAN LI
YU CHUANG XIN SHI JIAN

高校 图书馆管理 与创新实践

一本高校图书馆
全面管理的教科书

胡赛 ◎ 著

北方联合出版传媒（集团）股份有限公司

万卷出版公司

图书在版编目(CIP)数据

高校图书馆管理与创新实践 / 胡赛著. -- 沈阳：
万卷出版公司，2022.1
ISBN 978-7-5470-5703-2

Ⅰ.①高… Ⅱ.①胡… Ⅲ.①院校图书馆-图书馆管
理-研究 Ⅳ.①G258.6

中国版本图书馆 CIP 数据核字（2021）第 166906 号

出版发行：北方联合出版传媒(集团)股份有限公司
　　　　　万卷出版公司
　　　　　（地址:沈阳市和平区十一纬路 25 号　邮编:110003）
印　刷　者：长沙市精宏印务有限公司
经　销　者：全国新华书店
幅面尺寸：170mm×240mm
字　　　数：220 千字
印　　　张：15.5
出版时间：2022 年 1 月第 1 版
印刷时间：2022 年 1 月第 1 次印刷
责任编辑：张冬梅
责任校对：高　辉
策　　　划：张立云
装帧设计：潇湘悦读
ISBN 978-7-5470-5703-2
定　　　价：78.00 元
联系电话：024-23284090
传　　　真：024-23284448

引 言

　　高校图书馆是高等学校的文献信息中心，是对教学和学科研究进行服务的学术性机构，同时，也是学校及社会实现信息化的重要基地。图书馆的工作是学校教学和学科研究工作的重要组成部分之一。图书馆水平的高低并不仅仅是它所拥有的藏书量，更重要的是其内部环境和管理水平，现今图书馆管理与服务水平日益显示其重要性。在网络化、数字化的冲击以及环境的变化和社会加速进步的当下，高校图书馆的建设与服务面临着诸多挑战，为探索图书馆实践工作的规律和发展趋势，以便更好地确保图书馆发挥自身作用和功能，需要在"如何开展管理、如何进行创新"这一方面做进一步的探讨。

　　理论来源于实践，本书通过对图书馆管理与创新的深入研究与探讨，围绕高校图书馆建设中的关键要素、服务方式、工作模式等开展研究，阐述了关于高校图书馆管理与创新的一些观点，在一定程度上反映出高校图书馆知识管理和知识化服务的进展和趋势，也体现出图书馆工作者对知识管理问题浓厚的研究兴趣和探索实践，仅供参阅。

　　在科技迅速发展的今天，高校图书馆作为学校信息化的基地，必须提供个性化服务，发扬图书馆精神，使图书馆事业发展充满生机和活力，为和谐社会的构建发挥积极的作用。在高校图书馆的工作实践中积极探索管理创新、服务创新、理论创新，做好图书馆的管理工作，提高馆员的积极性，创建一个管理民主、诚信友爱、公平阅读、安定有序、充满活力的和谐图书馆，在读者汲取丰富的营养知识的同时，提高图书馆员的技能和素养，推动图书馆的建设与发展，既是构建和谐社会的要求，也是每一个图书馆人的美好理想。

目 录
CONTENTS

第一章　高校图书馆管理概论

　　高等学校图书馆是为高等学校教学和科学研究服务的图书馆，包括大学图书馆和学院图书馆等，是高等学校的文献情报中心。高等学校图书馆担负着为教学和科研服务的双重任务，是培养人才和开展科学研究的重要基地之一，承担着七大主要任务：一是采集各种类型的文献资料，进行科学的加工整序和管理，为学校的教学和科学研究工作提供文献资源保障；二是开展阅览和读者辅导工作；三是开展读者教育，培养师生的情报意识和利用文献情报的技能；四是开展参考咨询和情报服务工作，开发文献情报资源；五是统筹、协调全校的文献情报工作；六是开展馆际协作，实现更大范围的资源共享，参加全国图书馆和情报事业的整体化建设；七是开展学术研究和交流活动。

　　高校图书馆管理是根据高等学校图书馆工作的规律和特点，对图书馆的各项工作进行计划、组织、协调和控制的活动。目的在于合理开发书刊资源，提高图书馆的工作效益，最大限度地满足读者需要。主要内容包括：建立、健全图书馆管理组织体系，合理设置各级管理机构，做好管理人员的培训、使用、考核及晋升工作；抓好图书馆的业务管理，制定图书馆发展规划及采购标准，建立各项业务工作制度及岗位规范，做好采集、分编、流通、保管等环节的工作；抓好图书馆的各项服务工作，协调全校各图书情报资料单位的关系，积极开展馆际交流，促进图书馆网络化，实现资源共享。

　　高等院校是培养具有一定理论知识和较强实践能力的应用型人才的院校，而高校图书馆是高等教育的重要组成部分，也是校园文化建设的重要载体，只有全面发挥图书馆的各种功能，图书馆才能适应社会、高校和广大师生的需要。在新时期，高校图书馆要想争取更大的生存与发展空间，就必须适应时代发展的要求，本着"以读者为中心"的服务宗旨，树立"读者第一，服务育人"的观念，创建书香人和的和谐高校图书馆。

一、高校图书馆的历史发展

高校图书馆最早出现在12世纪。12世纪的欧洲出现了中世纪的大学。随着大学规模的扩大，大学图书馆逐步建立并发展起来。巴黎大学和牛津大学的图书馆被视为欧洲大学图书馆的先驱。巴黎大学约建于1150年，1257年前后神学家索邦（1201—1274）捐款建立了巴黎大学索邦学院，并捐献了自己的藏书，此后，德、意、英、西班牙等国学者也捐款、赠书，使索邦学院图书馆成为巴黎大学最重要的图书馆。14世纪后巴黎大学的50多个学院都设有图书馆。牛津大学建于1163年，所属各学院的图书馆，如默顿学院图书馆（1377）、奥里尔学院图书馆（1375）等，也陆续建立起来。欧洲许多大学都仿照它们的模式建立了图书馆。18世纪后大学图书馆广泛兴起。18世纪建立的著名大学图书馆有美国的耶鲁大学、哥伦比亚大学、宾夕法尼亚大学、普林斯顿大学，俄国莫斯科大学等大学的图书馆;19世纪建馆的著名大学图书馆有美国的密歇根大学图书馆（1838）、伊利诺伊大学图书馆（1867）、斯坦福大学图书馆（1885）、芝加哥大学图书馆（1892），英国的达勒姆大学图书馆（1832）、维多利亚大学图书馆（1880）和利物浦大学图书馆（1882）等。

19世纪后半叶，随着大学教育的发展，大学图书馆的藏书量大幅度增长。其中德国的大学图书馆在藏书质量和管理方面都很出色，成为当时各国学术图书馆的楷模。1875年格丁根大学、海德堡大学、莱比锡大学、布雷斯劳大学和斯特拉斯堡大学的图书馆藏书都已有30—40万册，并向校外学者和研究人员开放。进入20世纪以后，在西方发达国家，高等学校图书馆发展更加迅速。第二次世界大战以前，美国和加拿大藏书超过100万册的大学图书馆不到10所，到20世纪80年代中期则已有60多所，其中美国哈佛大学图书馆是世界上最大的大学图书馆，藏书达1100万册。美国的耶鲁大学、哥伦比亚大学、斯坦福大学、芝加哥大学，苏联的莫斯科大学，英国的牛津大学、剑桥大学，日本的东京大学，德国的格丁根大学、海德堡大学，法国的巴黎大学，荷兰的莱顿大学等大学图书馆，都是世界著名的大学图书馆。

19世纪末20世纪初，我国开始出现近代大学图书馆，如1894年建立的圣约翰大学、1895年建立的天津西学堂、1897年建立的南洋公学师范学院、1898年建立的京师大学堂（北京大学前身）等大学的图书馆。到1987年6月中国共有普通全日制高等院校图书馆1053所，另有5000多个资料室（情报室），馆藏文献总量为3亿册（件）（数字均未包括台湾地区）。北京大学图书馆是中国规模最大的大学图书馆（见中国图书馆史、中华人民共和国图书馆事业）。

2016年初，教育部印发的《普通高等学校图书馆规程》对高校图书馆进行了一系列规章明确。近年来，随着国际大学图书馆的改革进程，我国的高校图书馆也开始了各种积极的创新探索，知识管理的相关应用也受到重视并逐步推广，这些都标志着我国的高校图书馆管理进入了一个新的上升阶段。

二、高校图书馆的基本特点

一是读者需求具有稳定性。由于高等学校主要是向学生系统地传授专业知识，教学内容具有相对稳定性，加上专业设置和教学计划一般也比较稳定，因此读者对教学参考书的品种和数量的需求是经常性的、比较稳定的。

二是读者用书具有集中性。由于教学按教学计划、教学大纲进行，有统一的进度，读者用书具有较强的集中性：一是用书的品种集中于正在进行教学的有关课程的主要参考书刊上；二是读者对教学参考书的用书时间集中。为此，图书馆对需求量大的参考书一般都保证一定的复本量。

三是文献的收集和组织管理须适应本校的特点。在文献收集上以本校专业设置和科学研究项目为依据，全面收藏专业文献，重点收藏相关学科和边缘学科文献,适当收藏一般文献。藏书要能反映当代科学发展水平。在组织管理上可根据本校情况划分为文科、理科书库及阅览室,也可按专业组织藏书和划分阅览室,还可按教师、研究生、大学生分别设置阅览室或图书馆(分馆)。在美国等西方国家,高等学校图书馆考虑到本科生与研究生、教师在文献需求和利用上的区别,常单独设立本科生图书馆,集中收藏那些利用率较高、复本较多的常用教学参考文献。这样做的优点是使不同读者分流,减少相互间干扰,提高图书馆工作效率。

四是图书馆与系(院、所)图书馆(资料室)须互相配合,各负其责。总图书馆一般收藏各个专业的基本理论著作,各科综合性、交叉、边缘与新兴学科的文献和各种参考工具书,并适当收藏供课外阅读的书刊。系(院、所)图书馆(资料室)主要收藏专业资料,尤其是较专深的专业资料和各种工具书。

三、高校图书馆与公共图书馆的区别

与公共图书馆相比,高校图书馆特征分明,主要表现在七个方面:

1. 服务目的不同

大学图书馆的目的主要是为在校大学生学习专业知识以及为教师教学科研服务。为了达到这一目的,图书馆必须与本学校各学院和专业建立密切联系,资源配置、服务内容与方式要适应各学院、各学科需要,还要根据教师、研究生和本科生等不同层次的读者,制定相应的服务规则,以提高服务的针对性和效率。而公共图书馆的目的则是侧重于满足公民学习文化知识,普及科学常识,培养读书兴趣,提高全民素质。

2. 服务对象不同

大学图书馆的主要服务对象是在校学生和教职员工。大学图书馆的读者除了具有公共图书馆读者的基本特征外,还具有自己的特征,那就是专业知识的传授和学习。公共图书馆的服务对象比较广泛,包括各种职业、各种年龄和各种文化程度的读者。读者需求大同小异，大多数是满足自己的阅读爱好、休闲欣赏等，公共图书馆主要配置种类丰富、复本量较多的文学著作、历史文献、科普作品等资源。

3.服务项目不同

正是由于服务目的不同，使得大学图书馆和公共图书馆所提供的服务项目也不一样。大学图书馆除了传统的图书借阅之外，还提供参考咨询、查新查引、学科馆员等服务，以满足读者科学研究、学术交流的需要。特别是信息技术的应用，大学图书馆提供网上检索下载、资源发现、知识管理等专业化服务，而极少提供书店、书法、娱乐或者餐饮之类的服务。公共图书馆考虑到读者需求，特别是老人和幼儿读者的需要，在幼儿教育、老人保健、科普常识等方面提供讲座、辅导、展览等，而且还配套有图书代邮、幼儿看护、老人急救、餐饮等服务。

4.获取服务方式不同

大学图书馆的服务对象是在校注册学生和教职员工，采取的是"一卡通"自助式服务方式。在校学生和教职员工读者都有一张能就餐、就医、借书、缴费等功能的校园"一卡通"。读者持卡进入图书馆，经过专门培训后熟悉借阅设备和规程。凭"一卡通"，读者可以进行图书馆自助借还书、预约座位、自助打印复印等。公共图书馆的服务对象是所有公民，已经实现无障碍、零门槛进入，凭身份证即可享受服务，读者需求的个性化不是很强，相应的服务程序也比较一致。

5.图书资源配置不同

大学图书馆资源配置，无论是内容还是数量，都是根据本校学科特点来进行布局的。在内容方面，配置的是涵盖本校所有学科的资源，没有的学科基本不会配置或者少量配置，比如，师范类大学的医、农、林、军事等方面的资料就少，理工科类大学的文史哲资料相对也要少一些，并且理工科类大学更加注重数据库资源的购置。在数量上，一般一种书的复本数不会超过3本。公共图书馆配置的图书考虑到读者的文化层次参差不齐，一般偏向于文学、艺术、科普等大众读物，而且复本数量较大。

6.经费来源不同

部属大学办学经费主要来自中央财政，由教育部拨款，一般是按照在校大学生的人头数来划拨；省属大学办学经费来自地方财政，由省主管部门拨款，私立学校的办学经费由办学投资人筹集以及学生缴纳学费。大学图书馆经费从学校办学经费中划拨。公共图书馆经费来源于政府拨款，如省图书馆、市县图书馆都是省、市政府财政支持。

7.馆舍布局不同

由于大学校园空间有限，为了提高空间利用率，大学图书馆内一般设置书库、阅览室和少量小型学习研讨室。由于我国目前在校大学生和研究生人数多，大学图书馆总是挤满读者，不少大学图书馆还出现抢座现象。公共图书馆一般设立在城市中心，交通便利，方便读者到馆。除了空间大、座位多外，还有餐饮、书店、停车场等配套设施。近年来，公共图书馆为了方便读者借还图书，还在一些人口密集的社区或街道安装了自助借还书机。图书馆最基本的职能就是为公众服务，帮助人类学习知识，传承文明。在一些国家，大学图书馆与公共图书馆没有太大区别，任何人都可以利用图书馆。而在我国，尽管政府极力倡导大学图书馆面向社会读者开放，但由于图书资源和馆员人力的限制，加上存在的七个方面的差异，所以一般大学图书馆只对本校读者开放。

第一节　高校图书馆的定位与职能

一、高校图书馆的定位

图书馆作为高校的图书文献信息中心，是高校重点发展的公共服务项目之一，新时期高校图书馆必须深化服务，按用户的需求提供各种信息产品，这将是图书馆在新的环境中寻求新的立足点和生长点的必由之路。在这个过程中，高校图书馆的合理定位，是一个不可忽视的重要问题，具体可以从以下五个方面来把握：

1.角色的定位

高校图书馆是为教学、科研服务的学术性机构，是高校的文献信息中心。作为教辅单位，图书馆要始终以学校整体的发展思路与发展方式为中心，以信息服务为主，以育人为本，在职业性、技能性和素质教育方面大做文章。要做到这一点，首先从图书馆领导开始就要端正思想，给予图书馆足够的重视，提高管理人员的地位与待遇。同时，随着网络化的发展，高校图书馆要提供现代化服务设施供读者有效地搜索、传播、利用信息，培养读者搜集和处理信息能力、获取新知识能力、分析和解决问题能力，高质量地为广大读者提供优质服务。此外，注重图书馆在终身教育方面的重要角色。图书馆的教育有别于各种形式的正规教育，它主要是利用图书馆特有的资源优势，对读者进行再教育和补充教育，这样既可以保证继续教育的需要，又可以为提高全民族素质做贡献，因此，作为高校图书馆，不仅为高等教育提供全方位的服务，同时还承担着终身教育的重要职责，高校图书馆拥有丰富多样的文献信息资源，为履行终身教育这一职能提供了保证。

2.办馆思路的定位

首先，要明确高校图书馆的管理层次和机构设置，建立强有力的、专业素质较强的管理机构，这是图书馆顺利发展的保证。其次，要根据实际情况以及不断变化的新技术、新知识制定图书馆的发展规划，包括馆藏建设规划、文献资源建设规划、人员发展规划等，只有做好了相关的规划工作，才能充分发挥图书馆的作用，其馆藏、设备、人员等也才能得到学校的重视。再次，高校图书馆发展过程中的知识管理工作。知识管理工作的开展，能保证在最需要的时间将最需要的知识传送给最需要的人，就是对知识资源的全面开发与利用，根据知识管理的管理理念，应加强对现有馆员的知识与技能培训，以适应不断发展的图书馆工作形势。最后，建立激励与奖惩机制。通过建立并实施适当的激励与奖惩机制，可以大大提高现有人员的业务工作技能，如制定考核目标，规定相应的指标或采取限定期限达标的办法奖励优秀者，惩罚落后者，可以很大程度上调动馆员的工作积极性，更好地为读者提供全方位的服务。

3.服务理念的定位

首先，要确立以人为本的服务理念。图书馆因读者的需要而存在，读者是图书馆存在的基础。正因为如此，一切工作以人为本，以读者为本，是图书馆管理与服务的基本宗旨。基于此，高校图书馆文献采集要根据读者之所需，文献组织要方便读者使用，图书馆各项工作要围绕读者的需求来计划和开展，为读者提供舒适、优美的环境，提高读者的阅读兴趣和效果。以读者为本是图书馆工作之本，是图书馆服务的宗旨所在，也符合图书馆的运行规律，因此，高校图书馆能否及时转变观念，在为读者提供服务的同时，提高读者使用图书馆的积极性，是关乎图书馆生存与发展的重要问题。

4.馆员的定位

首先，图书馆管理者必须树立新的理念，必须具备经营的理念，以服务求支持，以效益求发展，在此基础上引进创新，管理方式需要创新，服务手段需要创新，而这一切的创新首先必须是思想理念的创新。其次，图书馆工作人员要提高对继续教育的认识，积极参与职业培训，提高自己科学管理文献信息、通过网络系统获取各种专业信息、信息资源开发创造等知识和技能，增强自身知识的深度与广度，这是图书馆人员最重要的素质，也是开展针对性服务、个性化服务，提高图书馆地位、提升图书馆服务应具备的基本要求。最后，重视人力资源管理，对馆员进行合理定位，使他们的优势得到更充分的发挥。

5.服务定位

首先，高校图书馆作为信息服务业，是信息产业的重要组成部分，也是高校图书馆实现自身价值的最佳体现。图书馆要以读者为中心，全心全意为读者提供全方位的服务，并不断创新服务方式，最大程度上满足读者的多层次、全方位要求。此外，高校图书馆在发展过程中还可以进行增值开发，积极开展有偿服务，如代译代查服务、复制服务、定题服务、预约服务、发送服务、展览服务、讲座服务、兴业助文等经济活动，这既可增强自身造血功能，为高校图书馆发展募集资金，同时也有利于培植馆员的经济头脑，促进馆员的全方位发展。

研究高校图书馆的定位问题，并在此基础上转变传统的服务理念与服务模式，树立现代服务的新观念，并充分利用信息时代计算机通信技术及信息处理技术等现代化高新技术，更好地为读者服务，促进图书馆与读者的和谐发展，为高校的不断创新不断进步贡献力量。

二、高校图书馆的职能

1.高校图书馆最主要的职能是教育职能

高校图书馆在高校存在与发展的过程中发挥着重要的作用，高校图书馆的建设和发展不但应该与学校的建设和发展相适应，更要立足于主要职能——教育职能。

首先，图书馆是大学生构建和更新专业知识的基地。图书馆是知识的宝库，它拥有浩如烟海的文献，各种有价值的知识、信息蕴藏其中。它根据学校教学和科研的需要，搜集、整理和保存了最为齐全和系统的文献资料资源。它不仅可以配合学校的教学活动和根据教学计划为学生提供大量的课外教学参考书，而且还可以为学生参加计算机、英语水平等级考试，参加实习和撰写毕业论文提供大量的参考资料。大学图书馆作为大学生专业教育的"第二课堂"既能为学习有困难的学生提供启发和帮助，又能为有能力的学生提供充分发展的广阔空间，它是高校课堂教学必不可缺的补充。图书馆作为大学生专业教育的"第二课堂"的另一个作用是更新知识。现代社会发展，科技进步日新月异，知识的老化异常迅速，不断地更新知识，进行终身教育已成为现代教育的重要特征。因此，大学生必须在课余时间利用图书馆的最新文献信息，汲取新的专业知识，了解学科的发展方向，否则就无法全面理解、融会贯通教师讲授的知识，更谈不上主动去探寻和掌握最新的专业知识。

其次，图书馆是培养大学生综合素质的场所。现代高等教育强调"方法"的学习以及学习能力的培养，尤其是独立获取、分析、处理信息的独立学习能力。这也被公认为21世纪大学生必备的基本素质之一。在利用图书馆的过程中，接受文献信息知识与技能的教育，在科学的指导下进行实践，无疑是大学生培养信息意识，形成独立学习能力，提高自身综合素质的最佳途径。

另外，大学生利用图书馆的丰富藏书，广泛阅读古今中外的社会科学、自然科学著作，对开阔知识视野，拓宽思维空间，提高文化修养，构建大学生合理的知识结构有着不可取代的作用。

2.大学图书馆的教育职能包含着两个重要内容

其一，大学图书馆是学校教学和科研工作的重要组成部分，它应配合学校的教学和科研，向读者提供文献资料、情报信息，使读者获得知识、受到教育。实践证明，要在大学本科四年中，把一个青年学生培养成为德智体美劳全面发展的高级专业人才，单靠课堂教学已远远不够。因为课堂教学受到专业范围、教材内容、教师水平、课程时数等诸多因素的制约。而图书馆有丰富的文献资料，学生可以在里面进行广泛的学习。这样，图书馆就起了消化、充实、扩展课堂学习内容的作用，同时学生在其中不仅能扩大知识视野，还能增加信息量。因此，人们把图书馆看成是发展教育、培养人才的重要基地不无道理。

其二，大学图书馆是社会主义精神文明建设的重要阵地，是对大学生进行思想政治教育的大课堂。青年时期既是学习知识的最佳时期，也是世界观形成的关键时期。在这个时期大学生们既有远大的抱负和理想，又缺乏对社会和现实的了解，既有强烈的求知欲，又缺乏对事物的鉴别和分析判断能力。

因此，正处于心理学中所谓"心理断乳期"的他们，情绪波动性大，对周围环境的刺激很敏感，反应强烈而易动感情。但是，他们思维敏捷，勤于思考，对整个社会及人生的追求具有极大的热情，正是因为这一特点，又很容易导致他们主观武断，以偏概全，以感情代替理性，甚或走到事物的极端。对大学生的这种心态特点，单靠几十堂政治课及党、团组织的一些政治思想工作是难以完全奏效的。

因为世界观的形成，是一个长期的、渐进的、日积月累又潜移默化的过程。图书馆是大学生最喜爱的地方之一，我们应该充分发挥其教育职能，加强对大学生的思想政治教育，即主动地向他们提供一些精神食粮，帮助他们树立爱祖国、爱人民、爱劳动、爱科学、爱社会主义的思想，使他们具有对社会现象和个人行为进行比较、分析、综合、抽象、概括的能力，使他们具有判断是非、善恶、美丑的能力，使他们能掌握科学的思维方法，正确地看待社会问题和人生问题。

3.图书馆在校园文化建设中的作用

高等院校的图书馆是学校的文献信息中心，是为教学和科研提供服务的学术性机构，是学校信息化和社会信息化的重要基地，同时也是学校精神文明建设的重要阵地，它对培养学生良好的学风和积极向上的精神面貌起着重要的作用。图书馆的建设和发展与学校的建设和发展相适应，图书馆与教学、实验并称为高校的三大支柱，同时，图书馆还具有传播知识、传播信息的途径。因此，学校图书馆是校园文化建设的重要载体。

丰富的馆藏资源使高校图书馆成为学校的知识储备中心。作为学生的第二课堂，图书馆不仅能够补充课堂的教学内容，还能够丰富学生的课余生活，为师生的科研、教学及学术交流提供便利，尤其对学生而言，不仅能够提高他们的学习热情，更是能够从中学习到很多课本以外的文化知识，丰富他们的知识面。同时，图书馆还可以通过举办各类积极向上的讲座、读书会、演讲赛等来丰富他们的课余生活，从而提高学生们的文化修养。

《普通高等学校图书馆规程》中明确规定："高等学校图书馆是学校的文献信息中心，是为教学和科学研究服务的学术性机构，是学校信息化和社会信息化的重要基地。高等学校图书馆必须贯彻国家的教育方针，履行教育职能和信息服务职能，为培养德、智、体、美等方面全面发展的人才，发展教育科学文化事业，建设社会主义物质文明和精神文明服务。"这一规程强调了图书馆的教育职能，这与校园文化建设的宗旨是一致的。高校图书馆信息资源丰富，环境优美，工作人员素质高，有条件、有能力参与校园文化建设，是校园文化建设的重要载体。具体而言，图书馆在校园文化建设中具有以下重要作用：

首先，高校图书馆根据自己的专业特色，经过长期积累，馆藏资源较为丰富，这些丰富的馆藏资源是培养学生创新能力的基础。随着科学技术的不断发展，高校图书馆建设的力度也随之加大，信息资源更加丰富，学生们遨游在现代化的信息资源中文化素质得到不断提高。高校图书馆经过长时间的积累，具有相对丰富的馆藏资源，这些丰富的信息资源是培养学生创新能力的基础。随着科学技术的不断发展，图书馆自动化、网络化建设力度也随之加大，这就更大程度地为学生们提供了丰富的信息资源，广大学生遨游在这知识的海洋中，文化素质和道德素质得到不断提高。

其次，图书馆作为高校的三大支柱之一，能够充分体现出学校的文化底蕴。而图书馆优雅的环境和良好的文化氛围、先进的网络设备，又为学生学习、教师工作、双方交流创造了最有利条件，大学生置身于这样舒适、便捷、文雅的环境之中，陶冶情操，获取自己所需的知识营养。

最后，图书馆工作人员能够提供文明的服务。列宁曾说："图书馆员是图书馆事业的灵魂。"在校园文化建设中图书馆员也起着关键作用。图书馆员用他们的真心真正做到"读者第一，服务至上"，使读者在和谐愉快的文化氛围中互动交流，对和谐校园建设和校园文化建设能够起到积极的推动作用。图书馆馆员的工作作风、精神风貌以及良好的职业道德，都能够潜移默化地影响学生。

高校图书馆作为高校的三大支柱之一，在校园文化建设中不仅具有第二课堂的作用，还具有价值导向等的作用，因此图书馆应充分发挥其职能作用，加强文献信息的资源建设，面对新的形势，转变管理模式，努力开拓新局面，形成高尚优秀的图书馆文化，更好地服务于校园文化建设。

三、高校图书馆的基本特征

1. 文化特征

高校图书馆是物质文化和精神文化的结合。高校图书馆不仅是人类文明和信息知识的载体，更能体现人类物质文明和精神文明发展的历程。图书馆文化是集人类之大成者，是人类不断探索自然规律和社会规律的结晶，也是传播文明的重要场所。

2. 学科特征

高校图书馆建设始终是围绕高校学科建设服务的，也是图书馆为适应新的信息环境的需要。学科研究和学科发展始终是高校提升质量和迅速发展的主题。因此，在图书馆建设过程中，需要根据学科研究和学科建设需要，按照学科专业建设和文献工作流程，组织存储和编辑文献科技信息，使文献获取、检索、传递信息化，从而使高校图书馆的文献信息学科化，优化文献服务职能。在图书馆数据库建设过程中，须按照学科专业需求对文献信息进行科学编辑，整理成信息化的文献信息图书馆，开发学科专业数据库，建立学科种类系统化数据库体系。优先建设学科专业相关文献和重点建设学科文献数据库，通过学科专业文献数据库建设，促进各个学科教学科研快速发展，充分有效地利用图书馆的文献库资源，提高图书使用效率。

3. 教育特征

高校图书馆的最重要的特征就是教育功能。高校图书馆是学校教育的第二课堂。因此，根据学校学科建设和学生知识传授的需要进行专业知识教育是高校图书馆的基本要求。提升教育教学质量，与高校图书馆在教学、科研工作方面的作用是分不开的。因此，高校图书馆建设需要适应高校专业教育教学、科研需求，以及专业课的课堂教学和教学实践需要，这样才能真正培养学生专业知识和技能。

4.信息特征

随着现代科技的迅速发展，科学知识体系日趋庞大，而人的时间和精力有限，人的一生不可能对所有的知识加以获猎，根据个人的兴趣爱好和各自学习的优势，选择适合自己的知识方向和学习导向，从而不断丰富发展某个领域的知识体系。因此，如何在浩瀚的知识海洋里寻找知识方向，捕捉和有效利用丰富的文化信息，是高校图书馆需要为读者提供的基本服务。因此，高校图书馆加强文献知识的信息化管理是有效提高图书馆功能的重要手段。

5.数字特征

随着计算机技术、通信技术以及网络化技术快速发展，信息传播和信息容量井喷式发展，高校图书馆面临技术和管理的巨大挑战和机遇。各种知识不再局限于纸本文献，多媒体和光盘文献成为高校图书馆信息化管理的重要途径。信息资源的数字化特征明显显现，从而使信息资源海量化、动态化，提高了信息资源的共享性。

第二节　高校图书馆管理现状

高校图书馆是学校的文献信息中心，起着倡导读书、组织读书、服务读书的重要作用。所谓图书管理，就是指应用现代管理学的原理和方法，通过计划、组织、指挥、协调和控制等行动，合理配置和使用图书馆资源，发挥其最佳效率，达到预定目标和完成图书馆任务的过程。

不论如何定位，高校图书馆始终都必须坚守生而俱来的职能，不能脱离图书馆的实际和大多数读者的需要，导致某些理论研究缺乏对实际工作的指导意义，甚至起到误导实际工作的副作用。某些高校图书馆存在急功近利和浮躁盲目情绪，表现为片面强调图书馆也向社会开放，与市场经济接轨，回避或忽视高校图书馆首先应为高校自身的教学科研服务、为教师学生服务这一大前提；拔高图书馆在信息社会中的作用，提倡开展高层次的情报服务，开发信息资源，忽视和回避图书馆最基本的服务形式和内容。

高校图书馆界长期以来潜在地存在着一种不甘心平淡，追求高层次、高档次，自我评价过高的倾向。然而，图书馆本身的工作性质又决定了其具有辅助性、服务性和平淡性，加上社会对其不重视，图书馆工作者实际地位不高，使得图书馆界一直有一种急于改变旧形象、树立全新形象的要求。尽管《普通高等学校图书馆规程》将图书馆工作提到了与教学和科研同等地位，并定位学术性机构，但图书馆在高校的实际地位以及在领导和学生的心目中却并未达到如此高度。高校图书馆受到一种整体性思潮的冲击和带动，出于不甘落伍和紧张形势的内驱力推动，急于确立自己在信息产业中的重要地位，为强调自身工作的重要性，难免有拔高图书馆在信息社会中作用的倾向。为自身定位时，特别强调向社会开放和开展高层次服务，其中也出于一种"创收"的强烈愿望。

社会分工中图书馆担负的特殊使命是给公众提供一个平等的、对外开放的文献借阅场所，社会发展到今天，社会的这一需求仍然存在，新出现的各类信息机构并未承担起这一任务。图书馆在新形势下，服务领域在不断扩大，服务手段也日趋先进，但并没有到一个以新废旧的阶段，因为新的服务领域不能涵盖传统的服务领域，反倒是图书馆一旦改变了已有的社会分工为其安排的社会角色，便等于失去自我。对图书馆来说，由于其公益性质，开展高层次的服务不能以牺牲基本服务为代价。

高校图书馆若不能很好配合学校教育目标的实现，即使是为社会提供了某些信息和服务，做出了一定的贡献，但总体上看却是得不偿失的。高校图书馆面向社会并不是说高校图书馆应向社会全面开放，高校图书馆应立足于校内，在提高为学校教学科研的服务质量上下功夫，在更好地为教师、学生提供各类服务上做文章。

高校图书馆的大学生读者在学校的首要任务是基础理论和基本技能的学习，对各类文献的广泛阅读是积累知识的基本方法，也是他们扩大知识面、进行自学的主要途径，对此图书馆的基本服务有着不可低估的作用。若图书馆在给自身定位时忽略了这一点，或因为追求"高层次"而放松了基本服务，便是一种本末倒置的行为。高层次的情报服务是必要的，但应该是在做好基本服务的前提下扎扎实实地进行，而不应让它成为一种门面或装饰，更不能把它作为一种"创收"手段。

从高校图书馆的资源、设备、人员等情况看，要使图书馆发挥更大的作用，更多地应从优化资源配置、提高服务质量、方便读者等方面入手，在此基础上拓展服务范围。高校图书馆的定位，不能脱离高校图书馆的特点，即它的服务对象是高校的教师和学生，它的目标是为高校的教学和科研服务，为高校培养社会的有用之才和取得科研成果出力，履行好教育职能与情报职能。

我国高校图书馆的管理现状主要表现在以下方面：

一是馆藏比重失衡，部分书刊陈旧。在国内一些高校图书馆中，理工科的专业书籍比重较大，但是对于一些人文社会的书籍的侧重率较小，这就使得高校图书馆书目侧重不均衡，构建的阅读环境失衡，不能满足一些文科学生的需求。其次，很多书籍存在破旧、缺页等现象，这也导致一些读者不能及时获得所需的信息，造成读者满意度下降，从而对高校图书馆的管理存在质疑。

二是馆藏书籍借阅比重失衡问题。在当代高校图书馆中，管理者往往在不征求大量读者建议的前提下，就盲目地购买一些不必要的书籍，使得很多书籍从购买上架之后就很少被读者借阅，实用率极低。现在很多高校图书馆都在运用信息化管理方式，融合网络。读者对于一些书籍的需求量过大，但是很多高校有两个或者多个校区，校区距离相隔较远，对于图书馆的资源配置不够均衡，读者预约的图书在一个图书馆已被借阅完毕，在另一个校区的图书馆有馆藏的情况下，运输不够及时，从而导致书籍不能有效、及时地到达读者手中。这就出现了高校图书馆馆藏资源一方面需求量过高，另一方面闲置、无人问津，书籍流通效率低的问题。高校图书馆管理引发了馆员工作效率低下、读者满意度降低等一系列问题。

三是信息化资源利用率低。由于科技的发展，大部分人都拥有个人电脑，而且部分高校图书馆的电子阅览室设备陈旧、数量少，管理者对于数字资源的整合、开发以及传递能力不足，这些都使得图书馆的电子阅览室不能得到充分利用，造成了资源浪费的情况，而且一些学生的文献检索能力缺乏也限制了对于数字资源以及数据库的使用。

四是高校图书馆复合型人才的欠缺。高校图书馆所需的人才不仅仅是以图书管理为专业的人才，也应是知识面较广，并在某一领域有专长的复合型人才。这一现象说明，在高校图书馆中，管理者大多都是对于之前的经验传承的较多，创新的较少，工作技术含量相对较低。而且多数管理者不是图书管理专业出身，对于图书馆藏的购买分析能力较低，从而出现了一些闲置书目的问题。其次，管理者自身的能力、服务态度以及个人素养，对于图书馆的发展都起着一定的影响。

五是服务意识落后。馆员缺乏良好的服务意识，将服务管理、服务理念放在一边，从而忽视了读者的存在感。由于缺乏人性化的服务意识，这使得读者和馆员之间的沟通交流存在问题。同时，有些高校图书馆服务水平较为低下，在服务过程中，工作人员并没有表现出足够的主动性，馆员的管理服务主要围绕现有信息资料展开，没有主动服务和超前服务乃至延伸服务的意识，把读者放在了次要位置。不够积极主动关注读者和用户的需求，不能根据管理服务对象的共性需求和特殊需求来提供主动的和深度的服务。其服务更多地局限于文献性服务，没有完全体现以人为本精神，不能较好地满足读者和用户的深层次特殊需求。

第三节　高校图书馆管理存在的主要问题及原因分析

当今社会，伴随着经济的快速发展，知识和信息的地位日益重要，其传播速度和广度直接决定着其竞争力的强弱。图书馆作为知识和信息传播的重要枢纽，其职能和知识传播方式正伴随着当前社会的发展变化而发生着改变。传统图书馆的主要工作以藏书和简单的纸质图书流通为主，随着计算机的普及和互联网的飞速发展，读者对图书馆提供服务的需求已不应受其时间和空间的局限，这就要求图书馆的服务要在空间上积极拓展，时间上加快各类知识和信息的更新速度，同时，要基于用户需求改善现有的管理模式和服务状况，以提高服务质量和水平。

高等学校图书馆的服务对象以学生和教师为主，他们对所需各类知识和信息的追求层次更高，范围更广。在新时期，如何加快高校图书馆馆藏图书的更新，提高服务质量，建立一个良好的管理和运行模式，不断更新图书馆工作人员的服务理念，促使其自身认识到要不断提高业务水平和个人素质，从而适应高校图书馆未来的发展，最终为读者提供更优质的服务，已成为当前高校图书馆变革和发展的必由之路和首要任务。

一、高校图书馆管理存在的主要问题

1.工作人员专业知识和业务素质普遍缺乏

当前，高等学校图书馆工作人员的文化水平参差不齐，特别是一些年龄偏大的馆员学历层次普遍偏低；工作人员中所攻读的专业五花八门，且严重缺乏图书馆及信息情报学相关专业的馆员，以上原因导致当前高等学校图书馆内工作人员的工作能力和业务水平普遍偏低。工作人员有限的专业知识和业务水平使其无法较好地为广大师生员工提供专业化、高质量的服务，从而导致大量读者流失，使得高等学校图书馆的整体运行能力较差。

2. 各类文献信息资源相对不足

高等学校图书馆的主要服务对象为在校师生员工，该群体的文化水平较高，且对各级各类文献信息和知识的需求量非常大，特别是一些专业书籍或是一部分借阅率长期居高不下的热门书籍复本量较少，使得一些高等学校内存在着部分师生长期无法借阅到自己需要的书籍和资料的现象。

3. 图书馆硬件设施有待加强

伴随着近年来高等学校的扩招，大多数学校图书馆的硬件设施在一定程度上有所改善，但仍无法满足要求，很多学校都还存在着自习室和阅览室座位不够、学生占座现象严重的情况。除此之外，还存在借还书等候时间较长、电子阅览室电脑等硬件设施资源不足等许多情况，这些都在一定程度上影响了读者对图书馆资源的有效利用。

4. 工作人员服务意识不强

在当前形势下，很多高等学校图书馆大多数馆员不具备图书及相关专业背景，直接导致了图书馆服务水平比较低，工作人员的服务意识不明确、服务态度较差，很少能够体现出高等学校图书馆"读者第一、服务至上"的理念。同时，由于高等学校图书馆内部管理模式原始僵化，虽有部门及员工的考核但却较多地流于一种形式，工作人员之间缺乏竞争和激励机制，导致大多数工作人员安于现状且缺乏工作积极性和热情，使得高等学校图书馆整体服务质量难以切实提高到一个更高的水平。

二、高校图书馆管理现状分析

我国高校图书馆事业经过几十年的艰苦努力，伴随着自身管理的进步，有了较大的发展。特别是20世纪90年代以来信息技术的广泛应用，高校图书馆的管理思想、制度和方式等方面发生了一系列的变革。但随着新世纪的到来，科学技术飞速发展，信息化浪潮席卷全球，人们的信息交流、处理、存贮方式发生了深刻的变化，从而给高校图书馆带来了强有力的冲击。高校图书馆面临着一系列内外环境的制约和阻碍，主要表现在以下几个方面：

1. 管理体制滞后

长期以来，我国高校图书馆在管理体制上，是处于集中式管理和多元等级结构。各校的图书馆基本由各自的院校行政管理部门进行人事、经费等方面的管理，服务对象也只限于本校，尚未形成统一的最高层次的高校图书馆管理部门。因而，导致了各自为政的孤立发展模式，呈现出封闭半封闭的分散状态。无论规模大小都各自热衷于追求本校的"小而全"，从而造成了资源的重复浪费。又由于缺乏宏观调控，各馆间还未进行统一的分工协调，在自动化和数据库建设方面，更是缺乏统一组织和标准。因而规范化、网络化和资源共享难以快速进行。

2. 图书管理职能存在缺陷

自古以来，图书管理最基本的职能就是搜集、储存和传播文献信息。在人类已跨入21世纪的今天，图书管理的这些最基本的职能已经发生了变化。自20世纪60年代以来，尤其是最近30年来，计算机技术、多媒体技术、通信技术的迅猛发展与综合运用，将人类社会快速推进到后工业经济时代、知识经济时代。在这种信息环境下，图书管理等传统的文献信息生产与流通机构管理使文献信息的垄断地位日益受到冲击，这是文献信息走向平民化的表现，是图书管理大众化的表现，是社会的进步。高校的图书管理要在这种全新的信息环境下求得生存与发展，必须加强图书管理的职能，优化图书管理的职能。

3. 组织结构生硬僵化

高校图书馆的内部各组织以文献管理的主线来展开，分为横向的业务系统，如采编、流通、技术等，和纵向管理程序，如计划、控制等，这里以分工为基础，形成了分割式的方法管理业务。由于结构单一、沟通较差，工作人员的综合素质难以提高。尤其在网络环境下显得力不从心，反应迟缓。因此，必须对文献为基础的层次结构进行重组，从功能上进行适当调整，以适应时代竞争需要。

4.管理激励机制缺乏

高校图书馆是社会公益性事业的一个组成部分，一直是靠"吃皇粮"维持日常的运转，未形成完整意义上的社会服务机构。在人事管理中，实行的是终身制。馆长是由上面委派，馆员是统一分配，一经录用无论优劣，稳端"铁饭碗"。职称评定论资排辈。图书馆不承担经营风险，具有一定的稳定性。因此，在这种缺乏竞争的机制下，馆员的积极性和创造性难以调动和发挥。特别是有些管理者缺乏现代管理和业务知识，习惯于应付日常琐碎事务，不太重视形成人才成长的良好氛围，从而使队伍总体素质不高，缺乏敬业和创新精神。

第二章 高校图书馆的知识管理概述

随着时代的快速发展，国内图书馆朝着更现代化的方向发展，进入21世纪以来，数字图书馆的发展突飞猛进，并在一定程度上代替了传统图书馆。近年来又出现更具资源集中性和可持续发展性的复合型图书馆。复合型图书馆是传统图书馆与数字图书馆的有机融合体，从本质上来看，复合型图书馆对文献内容概括的全面性更强，并且对知识内容的整合与提炼更精确。而在复合型图书馆发展自身优势的过程中，知识管理成为其不可或缺的一部分。

图书馆知识管理是国际上近年来兴起的一种先进的图书馆管理理念，是先进的图书馆管理方法，是图书馆科技发展的必然趋势，是当代图书馆学研究的前沿课题。

第一节　高校图书馆知识管理的概念与内涵

一、图书馆知识管理的概念

知识管理属于新时代下的新型管理方式，从目前来看，国内外对于知识管理并没有十分明确的定义，人们对其概念的理解普遍从两个方向出发：广义上而言，知识管理主要包括对知识自身、知识组织、知识资产、知识人员、知识设施及知识活动等的全程管理；狭义上而言，知识管理仅仅指对于知识自身的管理体系，比如，对知识的创造加工及传播应用等过程管理即可称为知识管理。对于图书馆中的知识管理属于广义上的知识管理方式，作用过程中是对显性知识与隐性知识的综合管理。知识管理在图书馆中的应用过程中，不会将知识变成被管理的目标，而是将知识作为实施图书馆管理的实际资源，展现知识将点延伸到面的巨大作用，把某一类知识转变为整个图书馆的分享资源，并将对这些资源的管理与对人的管理融合在一起，利用新型科技手段与信息化技术实现对图书馆整体资源的完善与维护，并在最大空间内对各类知识发挥高效传播效果，进而在图书馆内形成一个可持续发展的知识网络，完成知识共享目标。当前国内图书馆知识管理的内容主要包括四个方面，分别为知识组织管理、知识创新管理、知识应用管理和人力资源管理。

二、图书馆知识管理的内容

1.基于知识管理的图书馆管理理念创新

首先，是管理理论基础不同。传统的图书馆管理的理论基础是管理学理论，依靠科学合理的计划与组织，经过统一的指挥协调与控制，实现了图书馆的宏观管理。基于知识管理的图书馆管理理论是以知识管理理论作为基础，应用知识管理理论与管理方式，优化图书馆人力资源结构与图书馆管理模式，逐步满足用户日益增长的信息与知识需求。

其次，是管理对象不同。传统的图书馆管理对象主要集中在人员、文献、设备、经费、技术方法等方面；基于知识管理的图书馆管理对象主要集中在知识资源、人力资源、物力资源、图书馆文化与管理技术方面。

最后，是管理重心不同。理论上来说，传统图书馆管理与基于知识管理的图书馆管理都是以人为本、以读者为重心进行管理的。但实际上，传统的图书馆管理很难落实以人为本的管理思想，管理重心集中在一般性的事务管理工作上；而基于知识管理的图书馆管理贯彻了以人为本的管理思想，将人力资源管理与优化作为图书馆知识管理工作的重心，将知识服务与创新作为图书馆知识管理的目标。

2.基于知识管理的图书馆管理内容创新

基于知识管理的图书馆管理内容主要对人力资源管理、业务管理与行政管理工作进行了科学合理的创新，突出了六项管理内容的创新。

一是知识创新管理。将知识作为主要的创新对象，对传统的图书馆管理体系与理论基础进行革新，也对图书馆的管理方法进行了一定程度的创新，优化了图书馆的管理模式。针对图书馆工作业务流程中不规范的环节进行改良，拆分、重组了部分不合理的业务环节。将文献的采访过渡为知识的采集工作，将文献的组织工作过渡为知识的组织工作，将文献的服务过渡为知识的服务。

二是知识应用管理。图书馆构建了虚拟的网络图书馆或信息中心，便于政府、企业与科研机构等单位进行查阅，同时拓展了业务服务面，能够为用户提供多元化、深层次的全面服务，逐步完善复合型图书馆的建设目标，全面满足社会各个领域的检索需求。

三是知识传播管理。知识传播与管理工作的主要目的是实现信息的及时、准确传输，便于知识的查阅者及时地获取相应的知识。

四是知识服务管理。基于知识管理的图书馆管理模式的根本目的就是为用户服务，帮助用户获取知识、应用知识。因此，高校图书馆更要为全面地实现用户对知识的应用与创新而努力，这样才能一定程度上提升图书馆知识管理工作的质量。

五是人力资源管理。基于知识管理的图书馆管理的重心就是人力资源管理。在日常管理工作中，基于知识管理的图书馆管理，将培养具备全面知识管理能力的管理人员作为工作目标，加大管理人员的培养力度，提升整体人力资源素质。

六是知识产权管理。在网络信息技术发达的今天，图书馆需要对网络环境下保护知识产权过程中遇到的问题进行分析，找到有针对性的解决方案，不断创新知识管理理论，加强图书馆的制度和文化建设。

在知识经济发展的背景下，我们想要做好图书馆管理工作，就一定要将先进的理念和思想运用进来，这样才能够从根本上提升图书馆管理工作的质量，推动我国图书馆建设事业的发展。当前，我们要做的就是使图书馆管理员熟练掌握各种理念和技术，以使图书馆管理工作越来越先进。

三、图书馆知识管理体系建设中须关注的几个问题

1. 服务单一并缺乏创新

对于国内高校教育体制来讲，图书馆属于学生的另一个教室，对于社会人士而言，图书馆则是人们补充知识与提升自我的第二平台，因此，图书馆的综合服务水平在很大程度上决定了读者的获益情况。但从国内图书馆的整体服务范围来看，其服务重点仍然以传统的纸质图书和既有的图书资源为主，对于更具现代化特色的创新型服务比较匮乏，在资源利用方面全面性不足，功能性差。并且对于不同图书馆之间的资源共享不到位，相互间文献传递和资源互动不多，同时缺少专门针对当前网络中相关图书资

源信息进行统一整理和分类的服务，这就导致读者需要寻找当下网络中相关图书资源时无法在图书馆中快速找到合适途径，只能通过自身力量整合网络相关文献信息。

2. 管理落后并缺少竞争

目前国内大多数图书馆的管理模式仍以"馆长为大"的传统思想为主，对于图书馆管理过程中所需的决策与机制主要以图书馆馆长做决定，缺少必要的民主性和共同参与性，这种管理模式也在很大程度上使图书馆工作人员形成懒惰心理，面对图书馆各类事务时自动默认为馆长处理，造成"事不关己，高高挂起"的不良思想。这种管理体制难以激发图书馆工作人员的工作积极参与性和主动创造性，管理人员在这种模式下也习惯以经验管理为主。虽然目前我国图书馆管理有了一定的进步，但与其他行业相比，成长速度远远落后于平均水平。从市场竞争角度来看，国内图书馆这种经验管理法有强制性特点，缺少灵活性和动态竞争与激励机制，这会大大削弱图书馆整体竞争优势，使其自身在市场上处于不利地位。很多具有一定历史的图书馆会呈现出重藏轻用的特点，这种保守管理方式也会在很大程度上造成图书馆的投入与效益难以对等的状况，对其可持续发展十分不利。

3. 馆员定位不清而使得人力资源浪费严重

图书馆的工作人员一般包括馆长、高级馆员、正副研究馆员和普通工作人员等几类，这些工作人员各司其职，分别负责管理图书馆的不同部门。其中正副研究馆员级别以上的人员担任图书馆的市场发展规划与具体实施措施，并为各现场工作人员安排定期任务，而普通工作人员则主要承担图书馆的日常经营活动，包括书刊采访、文献分编及借阅还书等日常事宜。但在实际工作过程中，由于大多数图书馆市场定位不清晰，监督与审核力度差，所以对于普通工作人员以上的人力资源经常造成严重浪费的现象，导致有些图书馆高级管理人员无实质工作内容或长期处于协助普通工作人员处理一般业务活动的循环中，未能发挥每一类馆员的正当职能。

第二节　高校图书馆管理应用知识管理的必要性

在高校图书馆管理中倡导知识管理，是为了提高图书馆的创新能力，以便更好地适应不断变化的社会环境。在知识管理体系中，能够更好地发挥图书馆工作人员自身的隐性知识和挖掘图书馆运行的潜在能力，从而使知识的需求者更方便、更快捷地获取知识并加以应用。将知识管理应用于图书馆管理中有利于建立学习型图书馆，提高知识服务的有效性。高校应当抓住机会，同时利用自身优势，将知识管理应用于图书馆管理中，以构建更加合理的个人知识管理体系和组织管理体系。

目前，各企业、机构、组织、政府部门已经广泛应用知识管理，借助组织的智慧来提升自己的创新能力和应变能力。知识管理一般分为两个方面：一是信息管理，以信息为载体，传播知识，对知识进行管理；二是对人的管理，主要研究人的思想、行为和组织活动。知识管理是将信息与人力资源相结合，运用组织的智慧提高集体创新和应变能力的战略。将信息管理应用于图书馆管理会促进高校图书馆的现代化发展进程。

一、高校图书馆实行知识管理的必要性

知识管理与图书馆管理有着极其密切的联系。首先，将知识管理进行应用最早从以图书馆为代表的机构开始。图书馆从产生时起就开始保存、管理、应用、传播知识，只不过知识管理这个概念不是图书馆最先提出来的。其次，图书馆发明了分类法，为知识管理做出了巨大贡献。分类法的出现让知识变得有章可循，使人们能够更加有效地对知识进行管理。作为知识管理的一个基础，

分类法自身也是一个完整的知识体系，它为知识管理做出了很大的贡献。此外，高校图书馆也是社会组织的成员之一，它的主要功能就是管理知识。将图书馆变成学习型组织，就是知识管理的具体形式。

1. 以知识管理加强高校图书馆学习性

通过知识管理加强图书馆馆员的学习态度，能更深刻地理解管理内容，更广泛地获取知识，从而将图书馆打造成一个不断学习、不断进步的组织。

2. 以知识管理加快高校图书馆组织转型

通过知识管理营造图书馆不断进步的氛围，从而形成进取性的图书馆文化。而且在此过程中使图书馆结构扁平化，完成向学习型组织的过渡。

3. 以知识管理改变图书馆馆员的综合素质

通过知识管理及时了解各级员工的相关需求，充分发挥馆员的主观积极性，从而真正改变员工个人素质，将团队的力量发挥到最大。

4. 以知识管理扩大图书馆可用资源

图书馆的发展不能再仅仅依靠图书馆学、情报学等固有学科。事物是不断发展变化的，只有在这个发展的基础上建成一个可以相互交流、相互学习、互通有无的平台，才能使图书馆拥有长久不衰的生命力。

5. 以知识管理连接知识与现实

学以致用，才是学习的根本。而知识管理恰恰就是帮助人们充分利用自身知识资源去解决具体问题，因为知识管理要求我们最大限度地去交流、去应用。对知识管理进行应用，就是高校图书馆挖掘个人潜在知识和组织能力，提升集体创新能力，构建学习型图书馆的过程。只有这样，才能协助高校培养出具有创新能力的新型人才，才能让知识的需求者更加便捷地获取知识并利用知识来解决现实问题。

6. 以知识管理提高馆员素质

传统的图书馆只是将员工当作保管、借还图书的简单劳动力，对员工的知识水平、文化程度没有太高的要求，员工的学历低、能力差，待遇与地位普遍偏低，人才流失问题极为严重。随着计算机技术的普遍应用、网络技术的普及，图书馆基本上都采用了计算机管理系统进行联机编目、查阅、搜索、咨询，信息资源的数字化、网络化进程在逐步加快，员工的综合素质亟待提高。因此，提高员工素质也是实行知识管理的原因之一。

二、高校图书馆实行知识管理应采取的措施

1. 建立一个与图书馆知识管理相适应的组织结构

传统图书馆实行的是金字塔式的纵向型管理模式，顶层是馆长，中间是管理层，底层是员工，这种组织结构有着严格的等级规定，管理僵化死板，部门间缺乏沟通，信息流不畅，很难适应时代的变化。因此，必须改革原有的组织结构，建立与知识管理相适应的扁平的横向型结构，这种组织结构增强了部门间的横向联系，有利于员工间、部门间的沟通，减少了管理的中间环节与知识的流通环节，加快了知识的传递速度，提高了知识传递的准确性，提高了图书馆的应变能力与适应能力。

2. 创新思想，建立新型的管理模式

（1）建立科学的绩效评估体系。传统的绩效评估主要是以资历为标准进行考评的，这种考评方法没有真实地反映出员工的工作绩效，严重影响了员工工作的主动性，打击了员工知识共享的积极性，压制了员工创新的热情。因此，图书馆要建立科学的绩效评估体系，采用员工自评、领导评价以及用户意见相结合的方式，对员工的工作业绩、贡献大小、服务质量、创新成果、合理化建议的采纳情况进行综合评估，根据考评结果给予奖励，对有突出贡献的员工要给予升职、晋级或培训深造等重奖，同时在全体员工大会上进行表彰，从而充分调动员工工作的积极性，激发员工知识共享与创新的热情。同时，还要注重团队精神的培养，将个人绩效与团队绩效相结合，让员工充分认识到团队利益与个人利益的紧密关系，从而建立一支团结协作、密切配合，极富战斗力、竞争力的团队。

（2）建立科学的创新机制。新的理念必须有一套新的科学的机制与之相适应，才能顺利地贯彻执行下去。因此，图书馆要建立知识交流与共享机制、激励机制、多元化的服务机制、人才培养机制、知识开发与创新机制等，以保证知识管理的有效实施。

（3）建立科学的人力资源管理体系。知识管理是以人为主体的管理，人是知识的拥有者、传播者、使用者与创造者，是图书馆最宝贵的财富，因此，对人力资源的管理便成为图书馆知识管理的重中之重。图书馆要针对员工的不同需求、根据图书馆的发展规划，制订员工培训计划；根据员工的个人能力、创造能力、学习能力、知识结构的不同，进行有针对性的培养与深造学习，使每一位员工都能得到培训与发展的机会。另外，图书馆还要坚持合理的分配制度与公平的竞争原则，根据员工的贡献与工作成绩给予合理的报酬，根据员工的个人能力竞争岗位，以充分调动与激发员工的积极性与上进心。

（4）合理配置人员。根据每位员工的专业、特长、能力等科学、合理地安排工作岗位，将不同岗位的不同要求与员工的特长结合起来，做到人尽其才，使每一个员工都找到与之相适应的岗位。

3.树立"以人为本"的思想，实行人本化管理

知识经济时代，图书馆管理从"以物为本"转向了"以人为本"，对人的管理成为知识经济时代图书馆管理的重心。"以人为本"的管理就是重视与关心人的愿望，尊重个人的努力与成绩，最大限度地满足人的合理需求，从而调动人的积极性，激发人的创新精神，鼓励人的参与热情，增强图书馆的活力与竞争力。人本化管理是采用非强制性的、柔性的手段实行管理的。

图书馆的人本化管理包括两个方面的内容：

（1）对员工的管理。员工是图书馆服务的主体，图书馆的服务理念、服务内容需要员工去执行。图书馆要关心员工的需求，尊重员工的劳动，鼓励员工的创新精神，重视员工的自我发展与自我价值的实现，通过科学、合理、公正的管理制度，全面调动员工的积极性，激发员工的潜力。

（2）对读者的管理。读者是图书馆服务的客体，为读者提供满意的服务

是图书馆办馆的宗旨。图书馆要充分利用与挖掘馆藏资源与网络资源，更进一步扩大与拓展知识面与知识领域；建立用户档案，根据用户需求，提供个性化的信息、知识推送服务；利用现代信息技术，为用户提供知识增值服务；依靠员工的知识与智慧，为用户提供导航服务、参考咨询服务、知识管理服务，全面满足用户个性化、特色化、多元化的需求。

4. 构建知识交流的平台

运用现代科技建立知识网络系统，通过网络的建立，构建知识交流的平台，使员工可以通过这一平台交流、沟通、共享知识，也可以在这一平台上发布信息、讨论问题；图书馆的规章制度、通知等也可以在这一平台上发布，使员工能尽快看到消息；图书馆的工作也可以通过这一平台展开，使员工对图书馆的发展情况、管理状况、工作程序有一个充分的了解；图书馆领导也可以通过这一平台了解员工的思想状况以及工作中存在的问题，以便采取有效措施，及时解决问题；管理者也可以通过这一平台了解各部门的工作情况并发出指令。交流平台的建立，增加了管理的透明度，降低了成本，提高了工作效率与服务水平，加强了馆藏资源的建设、利用与管理，促进了知识资源的转化、利用、交流、共享与增值，使员工对自己的工作有了深入的认识、对自身的价值与能力有了重新定位，激发了员工参与图书馆管理的热情，有利于为用户提供更好的服务。

5. 实现知识共享

知识只有通过共享才能得到充分的利用，通过知识共享机制，使员工在提供知识的同时又可以利用到他人的知识，在提高自身知识水平、改变自身知识结构的同时，又丰富了图书馆的整体知识。

知识共享包括两个方面的内容：

（1）显性知识的共享。显性知识是能够存储在报纸、杂志、书籍、数据库等各种载体中的知识，是可以编码的、系统化、规范化、易于交流与共享、能够准确描述的知识。图书馆可以运用现代信息技术对大量的信息资源进行收集、分析、筛选、加工、评价，最后形成有价值的知识提供给用户。

（2）隐性知识的共享。隐性知识是存在于人头脑中的，人在长期的工作、学习、生活中积累与形成的经验、观点、思想等，是难以描述、编码、传递、交流与共享的、非系统化的知识，对隐性知识的开发、利用、转化是知识管理最重要的环节。图书馆可以通过建立激励机制，鼓励员工贡献个人头脑中的知识；通过交流平台，分享知识；通过用户沟通平台，鼓励用户参与图书馆的管理，贡献自己的知识，提出自己的意见与想法，对用户提出的有价值的建议应给予精神上与物质上的奖励，以激发用户参与的积极性。

6.营建一个良好的知识共享的文化氛围

知识管理要求图书馆营建一个开放的、互动式的、便于交流与共享知识的文化氛围，以促进知识的流通，提高知识的利用率，充分发挥知识的作用。

7.创新服务方式，提高服务质量

知识经济时代，用户对知识的需求表现出网络化、社会化、高效化、综合化、集成化、电子化、开放化、多元化与全方位等特点，图书馆的服务也开始向提供知识开发与增值服务转化，其服务模式表现出产业型、开放型、针对型、主动型、知识密集型与多样型等特点。服务方式主要有：根据用户的需求，建立网络服务站，为用户提供导航服务与参考咨询服务；利用现代信息技术与专业知识，筛选、整合、序化文献信息，建立知识检索系统；运用网络技术、智能代理、新型检索技术、大型数据库、搜索引擎等技术处理与存储信息，通过集成化的知识管理系统，实现知识共享；通过馆际互借系统，为用户提供馆际互借服务；通过知识交流与互动平台，实现读者与图书馆、读者与信息间的交流与互动；采用智能推拉、数据挖掘、数据仓等技术，开发、挖掘隐性知识，实现知识的转化与创新，为用户提供知识增值服务。

8.大力培养知识型人才队伍

图书馆要提高服务质量，实行知识管理，就需要培养大批知识型的员工。针对员工的特性、能力、兴趣、知识结构进行不同层次、不同内容、不同级别的培训教育，除了常规的岗位培训外，还要进行专业知识、相关学科知识、管理学知识、图书馆知识、情报知识、网络技术、计算机技术等各方面的培训，不断地更新、补充、完善知识水平与知识结构，进而优化、调整图书馆整体的知识水平与知识结构，实现知识的转化与创新。

知识管理的最终目标是实现知识的转化与创新，为用户提供知识增值服务。图书馆只有将知识管理的理念运用到实际工作中去，以用户的需求为出发点，创新服务理念，加大员工培养力度，加快隐性知识的开发速度，提高知识的利用率，才能为用户提供高品质的服务，实现图书馆的价值。

第三节　信息时代高校图书馆知识管理应用

高校图书馆管理是指在应用现代管理学知识的基础上，通过筹划、组织、协调等行为，优化图书馆资源配置，使资源使用效率达到最佳，从而完成图书馆管理工作的过程。作为整个社会系统的一部分，图书馆在社会体系中扮演着重要的角色，对人类的影响在不断加深，加强图书馆管理有利于提高图书馆在各种社会机构之中的竞争力，从而使其发挥更大的功效。外部环境在不断变化，图书馆管理模式与理念也要随之进行改变。

一、知识管理理念在高校图书馆管理中的应用

1. 信息技术发展给图书馆带来挑战

随着信息技术的发展，师生对信息的需求不断增加，给图书馆带来了挑战。首先，信息资源具有时效性。由于高校图书馆的读者是在校师生，他们的学习研究具有前沿性，图书馆提供的书籍、信息必须涵盖师生的所有专业，并始终提供最新信息。其次，要求知识的专业性很强，且专业广泛。由于师生都是各专业的高精尖人才，他们研究的内容具有很强的专业性，这就要求图书馆提供专业性很强的信息服务，并要包含学校的所有专业。

2. 图书馆管理SWOT分析

综合分析图书馆的外部环境和内部特征，有利于促进图书馆构建以知识管理为基础的管理模式。从外部环境机遇来说，网络信息技术为图书馆的管理工作提供了技术支持，人们对图书馆资源的需求刺激了图书馆管理的发展，多年来高校不断扩招新生也为图书馆的发展带来了良好机遇。从面临的外部挑战来

说，信息服务机构不断增加，图书馆的竞争压力较大，大数据库时代信息繁杂，给图书馆的管理工作带来不便；从内部优势来说，高校图书馆各学科教育资源齐全，工作人员具有广博的专业知识，人员稳定并具有搜集传递信息的优势；从内部劣势来说，没有完善的激励机制，工作人员的素质良莠不齐，没有对知识的系统研究。

3.高校图书馆管理应用知识管理的框架设计

为了应对外部挑战、克服内部劣势，图书馆必须引进知识管理理念，提高图书馆个人和组织的整体素质，进而提高高校图书馆的环境适应能力以及知识创新技能。综合分析图书馆内外部优劣势，应当在引入知识管理的基础上建立学习型图书馆。高校图书馆管理应用知识管理的框架应当包括个人知识管理、组织知识管理、过程管理三个部分。对个人知识的管理，要求图书馆工作人员不断完善自己的知识体系，提高个人自身修养，不断实现自我超越；对组织的知识管理，要求共同创新、共同进步，建成学习型图书馆，促进图书馆管理效率的不断提升，提供最优质的信息服务；过程管理则要求图书馆在充分利用内部资源的基础上，不断引进外部资源，实现内外部资源的共享。高校图书馆管理应用知识管理的框架要求图书馆对组织和个人两方面进行管理，两个过程相互支撑、相互促进。

4.显性知识管理工作的开展模式

高校图书馆是一个非常重要的知识储存机构，而知识又可分为显性知识和隐性知识。高校图书馆非常重视显性知识。高校图书馆是一个对知识、信息进行收集、整理和加工的机构，所以说它不仅仅只是一个知识库，更是社会知识管理的一个重要机构。而在对社会知识进行管理的过程中，对于显性知识的管理又非常重要。所以，对显性知识进行有效的管理、开发和应用，也是高校图书馆的一个重要任务。当前，高校图书馆对于显性知识的管理有以下几个方面的特点：首先，收集知识。因为高校是进行学术研究的一个主要阵地，而在进行学术研究的时候，往往就需要大量的文献，只有通过这些文献，高校才能够进一步完善自身的建设和提高自身的学术研究水平。其次，在对知识进行收集之后，还需要对知识进行有效的加工。当前高校对于显性知识进行管理的一个非常重要的环节就是对采集的文献资料进行分类和编目，使每一本文献都能有自己的归属，这样既可以方便人们的查阅，也可以使得这些原本无序的信息变得有序。再次，储存知识。除了采集知识和加工知识之外，高校图书馆对于显性知识的管理还包括储存知识，只有以一定的形式将这些知识进行储存，才能使得人类文化遗产得到有效的保存。最后，应用知识。这是高校图书馆对显性知识进行管理的一个较高层次，只有通过应用，这些知识才能充分发挥其价值。

5.隐性知识管理工作的开展模式

在任何一所高校图书馆中，要想使自身知识管理的目标得以实现，必须注重显性知识和隐性知识的管理，因为文献资源固然是高校图书馆一个非常重要的资源，但是要实现对其有效管理，还必须依赖图书馆各个部门的相互协作，使高校图书馆建立起一套完整的知识管理体系，而这些管理经验和管理体制就属于隐性知识管理，只有建立起完整的隐性知识管理体系，才能够使高校图书馆的知识服务更加完善。隐性知识具有很强的主观性，很难通过一种固定的方式来进行表达。而且隐性知识还有着动态特性，人们要有效地掌握这部分知识，就必须要进行沟通和合作。因此，高校图书馆要想实现对于隐性知识的管理，就必须建立一套完整的知识管理系统，使显性知识和隐性知识能够通过这个系统得到很好的传播，使二者之间可以有效地转换，为用户提供更好的知识服务。高校图书馆的隐性知识也与高校的科研创新有着密切的关系，因此，通过对隐性知识的管理还能使高校的科研水平得以有效提高。

信息技术的发展给图书馆管理带来机遇的同时也带来了挑战，加之图书馆面临着各种外部挑战、内部劣势，这些都要求图书馆要引进知识管理这一新型的管理思想和管理方法。高校图书馆要抓住外部机遇并充分利用自身优势，引进知识管理，增强自身的信息服务能力，通过对个人知识管理和组织知识管理，建立新型的学习型图书馆，在探索中不断完善其管理体系。

二、知识管理在图书馆中应用的实施对策

1.知识管理的宗旨是帮助用户解决问题，在方式上强调参与性

针对当前国内大多数图书馆的管理模式单一、无创新的现状，在使用知识管理的过程中，需要在传统图书馆馆藏服务的基础上，进一步提升服务品质，合理利用现代化新型技术手段完成多样化知识管理目标。面对日益复杂的客户需求，需要在信息资源合理利用的前提下及时更新知识管理内容，将传统的满足客户需求目标转变为让用户尽快满意的目标，提高为图书馆用户解决问题的效率。

2.建立以先进信息技术为支撑的管理系统

图书馆的管理归根结底是资源信息的管理，因此在管理过程中需要用到恰当的信息管理技术，而信息管理技术属于知识管理的关键组成部分，图书馆中的知识管理主要是指图书馆相关资源知识的收集、加工处理、传递及运用的过程，这一过程具有一定的固定性。为了提高图书馆中知识管理的应用效果，最根本的保障是建立一套具有先进信息技术手段的管理系统，这一系统一方面可以为图书馆提高管理效率，另一方面也可以有效减少知识管理在图书馆管理中的应用成本，借助现代化信息技术手段从根本上提高图书馆资源的合理支配，进而实现图书馆的知识共享目标。

3.建立人力资源管理系统

人在知识管理中处于核心地位，为了提高知识管理在图书馆中的应用指数，需要建立完善的人力资源管理系统，保证知识管理人员除了传统的收集、整理与提供的任务外，还应该掌握获取信息与信息咨询的能力。只有构建一支思想素质和技术能力都过硬的专业队伍，加强各个职位人员的综合修养，才能适应新时期图书馆的需要。

知识管理已经在图书馆的管理体制中占据着越来越重要的位置，并且其应用效果也十分显著，以知识管理的新颖理论和创新手段参与到图书馆的管理过程，是图书馆管理发展的必然趋势。当前我国图书馆应用知识管理主要从提高

图书馆组织结构和人力资源管理力度入手,以信息化高新技术手段形成资源共享空间,并以用户为核心提高知识管理的参与强度,未来需要继续调整知识资源构建方针,重组业务流程,并建立实施图书馆知识资源联盟,从本质上提升知识传播的综合质量指数,并深入图书馆资源管理,把知识管理全面实施于图书馆知识服务的工作过程。知识管理方式在我国图书馆中的应用时间还不长,整体应用经验尚不足,虽然已为很多图书馆的文化建设与发展发挥很多作用,但是在未来的发展过程中,仍需进一步建设知识管理体系,图书馆员要与时俱进,不断学习,不断调整自己的知识体系,帮助用户获得成功,并将知识管理与图书馆的发展特点相结合,最终促进图书馆中知识管理的现实应用效果。

第三章 信息时代高校图书馆管理模式创新

　　学校图书馆具有存储和传播知识的功能，拥有学校自身研究特色的馆藏资源及其他丰富馆藏资源。但是在网络技术急速发展的背景下，学校的师生获取信息资源的途径已经不再局限于图书馆的馆藏资源。虽然图书馆的基础设施建设已经逐渐完善，管理者水平也有所上升，但是其管理理念和管理手段依然不够科学和新颖。要发挥出图书馆职能应有的作用，还需要跟随新时代的需求进行管理模式的创新。

一、高校图书馆管理创新的概念

　　管理创新是运用新知识、新方法、新技术、新思维，对组织原有的管理要素、管理资源进行重新组织、整合，建立起效能更强、效率更高的管理体系，以更有效地实现组织目标的活动。高校图书馆管理创新，是高校图书馆为适应新技术运用、知识服务需求以及社会环境的变化，在掌握科学管理知识的基础上，运用新方法、新思维，对原有的管理理念、方法、手段、体制等管理要素和管理资源进行有效的整合重组或者更新，产生某种新颖、独特的更有社会价值、效率更高的新事物、新思想的活动。

二、高校图书馆管理创新的含义

　　1.创新是建立在既有知识、机制的基础上，运用新的思维对高校图书馆原有的管理体制、管理方法等进行重新整合、改进。

2. 高校图书馆管理创新是将原有的人力资源、馆藏资源、资金、设备等管理资源，以及管理体制、管理制度等管理要素进行有效的组合，使管理更高效、合理，并达到整体效益的最大化。

3. 管理创新的目的是建立一套全新的、合理的、科学的工作机制，并且有利于激发图书馆员的工作积极性和创造能动性，有利于图书馆信息资源的开发利用。

第一节　高校图书馆管理创新理念的产生与意义

图书馆知识管理占据极为重要的地位，直接关系到图书馆管理质量，影响到社会、经济以及文化的交流，做好图书馆管理工作还可以促进社会主义市场经济的稳定发展。但信息技术不断发展的今天，图书馆管理办法仍未得到更新，已经难以满足管理需求，引入先进的管理技术，促使图书馆管理工作朝着科学化、现代化的方向发展是当下需要重视的问题。信息技术作为提升管理效率的有效手段，将其创新应用到图书馆管理中必然会带来管理质量和管理效率的提升。

一、高校图书馆管理创新理念的产生

图书馆知识管理理念早在20世纪70年代就被国际咨询公司提出，主要内容是使用科学技术对图书馆知识进行有效控制管理，让图书馆资源得到充分利用。图书馆知识管理理念是社会经济文化发展的基本要求，也是人与人之间文化交流的重要基础，重视图书馆知识管理，将创新作为原动力，通过不断创新改进才可以让图书馆管理在新时代焕发生机。"知识管理就是运用集体的智慧提高组织应变能力和创新能力的管理。"而知识管理在狭义上是指对知识本身的管理，包含知识的创造、获取、加工、存储以及应用等；广义上的知识管理则不仅仅是对知识进行管理，还有对知识相关的资源和无形财产的管理。

社会经济迅速发展的今天，人们对图书馆知识管理工作的重视度较高，坚持以人为本的管理理念，积极引进现代化技术和科学化的管理方法，让图书知识信息资源得到充分利用。虽然图书馆知识管理方面已经取得了不错的成绩，但就当下管理现状来看，仍存在较多需要解决的问题，落后的图书馆管理办法和管理态度，都成了制约图书馆管理质量和效率提升的因素，也是亟须解决的重要问题。

二、高校图书馆管理创新理念的意义

图书馆内的图书可以看作一个信息源，因此图书馆管理可以看作是知识的辨识、收集、整理、组织、利用以及分享等。开展图书馆管理工作的主要目标是让所有用户能够快速找到自己需要的资源，与单纯的知识管理进行对比，图书馆管理则重视知识与知识间的相互关系，主动去营造一个隐性知识与显性知识的活动平台，创造出一个专门服务于用户的新知识，从而满足社会发展的需求。当今社会中，用户的信息需求趋向于多样化、个性化，从信息单元转变为知识单元，加上咨询企业的兴起对图书馆管理的冲击，创新和改进图书馆管理已经势在必行。

国外关于图书馆知识管理的研究较多，还召开了多次以知识创新、组织和利用为主题的报告会，取得了不错的成效。关于图书馆知识管理方法的研究已经全面渗透到世界各地，并冲击了图书馆管理。目前国外相关院校已经组建了图书馆知识管理专业，开设相关课程以培养专业的图书馆知识管理人才。图书馆作为一个国家重要的资源机构，应当顺应时代发展的潮流，积极学习知识管理理念和方法，将其灵活运用到国内图书馆知识管理中，推动社会科技的发展，让图书馆管理重现活力。

三、图书馆知识管理对图书馆管理的创新

1.基本理念的创新

图书馆管理就是利用现代管理学原理和方法，通过计划、组织、控制、协调等行动来科学地分配图书馆资源，从而实现想要达成的目标。图书馆知识管

理则是对图书馆管理的创新和改进，其基于知识管理的内容，对图书馆的资源进行配置，主要目标是满足用户的个性化和多样化需求。在图书馆知识管理下，图书馆的各项职能均会得到加强，两者的不同点可以总结为以下几点：

（1）理论基础不同。图书馆管理基于现代管理学理念，图书馆知识管理则基于知识管理理念，两者的理论基础存在根本性的差异。

（2）管理对象不同。图书馆管理主要针对所有从事图书馆管理的人员以及图书馆的相关组成部分，图书馆知识管理则针对图书馆内的所有信息、技术、人力、物力等。

（3）侧重点不同。图书馆管理坚持以人为本的理念，将读者作为中心，但实际管理过程中，过于繁杂的事项让管理人员无法做好读者的管理工作；图书馆知识管理更好地诠释了以读者为中心的管理思想，将繁杂的事项简单化，留出了足够的时间、人力、物力来满足读者的个性化需求。

2.组织模式的创新

图书馆知识管理的出现颠覆了人们对图书馆管理的认识，重新建立起灵活、高效的管理组织。在这个管理组织内部，各个成员之间共同努力，将积累知识、传播知识、应用知识作为出发点，以下为组织模式的四大组成部分。

（1）管理团队。管理团队是管理组织中的核心部分，主要任务是在把握现状的基础上，规划图书馆的宏观发展方向，除此之外，还要处理图书馆内的日常事宜，如创建图书馆知识管理和信息管理平台、开展图书馆内读者的交流学习活动、协调图书馆之间的相互关系等，让图书馆与图书馆之间、读者与读者之间保持良好的关系，减少矛盾纠纷等问题的出现。

（2）信息建设团队。信息建设团队可以说是管理组织内的执行者，主要任务是将图书馆内的信息进行整理、加工以及数字化转化，这也是信息技术用于知识管理的重要内容。除此之外，信息建设团队还要做好服务工作，定期维护已经建立起来的系统，保证知识管理系统有效为读者提供服务。

（3）服务团队。服务团队的服务对象是所有读者，主要任务是帮助读者实现图书借阅、解答读者疑问、做好知识管理系统培训等，让读者的所有需求得到满足。服务团队在工作过程中免不了与读者的沟通交流，沟通交流的过程中会发现当下存在的问题，从而总结归纳对知识管理模式进行创新。

（4）技术研发团队。创新是原动力，图书馆管理的改进离不开创新的支持。在图书馆知识管理期间，技术研发团队着重于开发和应用新技术、新标准、新设备。除此之外，还要做好设备的维护、更新工作，保证图书数据分析处理系统的稳定有效运行。

3.服务工作的创新

满足读者的各项需求就是服务的一种表现。在图书馆知识管理中，图书馆管理还要重视服务工作的创新，优化改进服务方法，真正实现以读者为中心。

（1）明确服务趋向。图书馆管理的核心思想就是坚持以读者为中心，满足读者的各项需求。但传统图书馆管理中日常事务繁重，图书馆管理人员很少有时间来为读者提供服务，主要表现为服务范围小、资源利用率低等，长期如此自然会对图书馆的经济效益产生负面影响，不利于其持续稳定发展。图书馆知识管理则更为重视以读者为中心的核心理念，优化读者信息反馈渠道和满足读者需求的路径，整个信息资源的建设也紧紧结合读者的各项需求。图书馆管理人员会面向所有读者收集意见，将读者的知识结构、阅读倾向等信息进行有效整合，从而分层次来进行资源分配。这样一来，图书馆的服务面会显著扩大，图书馆信息和知识的服务质量大大提升。

（2）强化知识服务。图书馆知识管理与图书馆管理的最重要区别就是管理对象和管理理念的差异。从管理对象来看，图书馆知识管理更为重视资源的分类汇总，在信息化技术不断发展的今天，社会对图书馆的知识性要求明显提高，图书馆的功能也不再局限于收集资源、贮存资源和推广应用资源，更是对收集资源的开发利用，让资源的价值被充分发掘出来。从某种角度来看，图书馆知识管理更倾向于让知识资源综合化、系统化和深入化，从而产生新的服务于读者的知识，这是对基本知识的一种升华。除此之外，充分利用网上信息资源，借助信息化技术，能够拓宽图书馆知识和信息服务的宽度和广度，从而全面提升图书馆管理质量。

4. 管理内容的创新

（1）知识创新管理。知识创新管理主要包括图书馆学理论的创新研究，以"知识"作为主要服务对象，颠覆了传统图书馆管理办法的理念。在图书馆知识管理中，提出了知识流的概念，并依据知识流进行业务创新和重组。

（2）知识应用管理。图书馆需要为企业、社会团队、科研机构等提供虚拟图书馆和信息中心，为所有读者提供个性化、深层次的服务，构建出复合型图书馆。

（3）知识传播管理。知识传播管理是指知识寻求者和知识源之间的准确匹配的传送。

（4）人力资本管理。图书馆知识管理中人是核心组成部分，因此图书馆知识管理极为重视人才培养。

（5）知识产权管理。图书馆要研究网络环境下知识产权保护遇到的新问题，提出解决问题的策略和办法。

图书馆知识管理理念与图书馆管理实践的结合能够在很大程度上提升管理质量，具有极为重要的应用价值。当代图书馆工作一定要认识到这一点，主动学习知识管理知识，纠正对知识管理的错误认识，从而为读者提供及时、准确、增值的知识信息，实现知识价值的充分利用，让图书馆信息服务的作用得到有效发挥。

第二节　高校图书馆管理服务模式的发展

管理是在一定的社会组织中，为实现组织的预期目标，通过计划、组织、指挥、协调和控制等工作，以人为中心，对各种物质和非物质因素进行合理配置和有效使用的过程。而管理创新则是为了实现上述管理内容所进行的整体或细节的改进与提高的创新活动。随着知识经济时代的到来，管理及其创新具有更深刻的含义。对于高校图书馆来说，管理创新意味着面对激烈的市场竞争和新的信息环境，不仅只是计划、组织和指挥，而更要协调馆员与读者、馆员与设备、部门与部门以及各高校图书馆之间的关系；发现和重组各种资源和结构，进一步激发馆内外各方面的积极性和主观能动性，为实现图书馆事业的总体目标而协同努力。管理创新是高校图书馆创新体系的重要组成部分，也是办馆思想和方式方法的更新。

新世纪是知识经济的时代，是不断产生新思想、新理念、新技术、新知识的时代。国内外管理理论的研究表明，决定社会发展竞争优势的是人才和科学技术的优势，而决定人才、科学技术优势的是创新，所以强调创新已成为现代管理的时代趋势。管理创新是深化高校图书馆改革的内在需求。新世纪是孕育着巨大变革的时代，是一个从计划经济形态向市场经济形态的转变时期。随着我国政治体制与经济体制改革朝纵深发展，高校图书馆运行的外部环境已发生并将还要发生巨大的变化。与此相适应，高校图书馆管理的内涵要求、发展目标、工作方法和行为方式也随之发生了深刻的变化。

一、图书馆管理模式的发展

1.传统的图书馆管理模式

传统的图书馆管理只是从事一些简单的单纯的"借还"以及简单的文献资料管理，管理方式是封闭式管理和经验管理，简而言之就是"以书为本"，图书馆以馆藏单一的纸质印刷品为主，具体的操作过程完全依靠手工来完成，同时，传统的图书馆管理属于被动的服务。很显然，这样的管理模式不能跟上当今社会的步伐，因为它不能充分开发和利用图书馆资源，从而导致资源利用率过低，造成相关资源的极大浪费，不仅如此，还给读者、管理员带来不便。所谓"穷则思变"，传统的图书馆管理模式注定要被时代的潮流所淹没，而新的适合人们需要的管理模式将应运而生，取而代之。

2.图书馆知识管理模式

图书馆管理是指运用现代管理学的相关原理，通过计划、组织、协调、控制、指挥等活动，合理分配和使用图书馆的各种资源，以达到图书馆预期目标和最佳绩效的工作过程，并完成图书馆的任务，最终起到一定的社会作用。图书馆知识管理就是对隐性知识和显性知识的收集、整理、储存和运用，充分满足用户对知识和信息的需求，最终优化资源配置。它与传统图书馆管理模式的区别在于侧重点、管理对象和理论基础不同。要实现图书馆知识管理就需把原有的知识进行分析加工利用，去其糟粕，取其精华，再进行开发创新，同时提高管理员的知识水平和服务意识，整合工作者和读者，形成一个共同的知识交流平台。

3.图书馆资源管理模式

图书馆资源管理模式就是把信息资源、人力资源和物资资源整合，形成一个兼容的管理体系。随着网络技术快速发展，人们获取信息的渠道已不仅仅是藏书、报纸、杂志、TV，还有网络。现在，人们的生活节奏加快，闲暇时间越来越少，快捷便利的网络信息服务被广泛接受，从而形成了以网络为基础的信息服务中心。信息资源管理不单是指信息的收集、存放和占有，更主要是工作者对现有资源的创新和动态开发，链接各类信息资源和服务，分析利用信息，建立资源共享，帮助客户搜索。人力资源管理则是加强工作者的培训，授之以新的观念、新的措施和新的方法，提高其知识水平，调动其积极性，增强其创造性和服务意识，最终提高其工作能力；工作者自己要主动学习，与时俱进，提高自己的素质修养、知识涵养和精神修养，同时要求工作者相互交流学习，进行知识互补，将自身的知识传给他人，营造一个良好的学习学术氛围，提高图书馆员之间的凝聚力，发扬其团结精神。物资资源管理就是对图书馆内的藏书及相关设施进行合理调配、保管、维护和修理。

图书馆资源管理模式是以人力资源管理为核心，在提高管理者和工作者自身能力的基础上把信息资源管理和物资资源管理融合在一起，进行交叉管理，在信息资源管理的时候又进行物资资源管理，一举两得，省时又省力。

4.图书馆数字化管理模式

图书馆数字化管理是运用计算机和网络技术将大量的文献信息以规范的数字方式储存于计算机之中，并将信息的储存、管理、检索、发布和产权保护等综合技术集成在一起，为读者提供服务。它具有文献资源数字化、文献传递网络化和文献资源共享化三个特点。文献资源数字化是将文献信息转化为用计算机设备存贮的二进制代码信息，并实现对形式转换后的信息的计算机管理；文献传递网络化是通过计算机技术和网络技术进行数字文献传播；文献资源共享化就是说在数字图书馆时代，人们通过网络在网页上点击相关链接就可以找到世界各地的文献资源，说到底就是使其他资源为我所用。

随着信息全球化时代的到来，图书馆数字化建设已取得了重大突破，如今图书馆数字化建设已包括：馆际互借服务、电子资源检索服务和联机检索服务等。

5.服务主导型管理模式

服务主导型管理模式顾名思义就知道该管理模式是以"为读者服务"为中心的，"读者第一、服务至上"是它的管理理念，它要求最终达到"管理的互动性、管理的专业性、管理的服务性、管理的高效性、管理的系统性、管理的开发性"这六个基本目标。要实现这些目标就必须：转变管理理念，明确管理目标；完善管理机制，提高管理效率；创新管理方式，提升管理活力；强抓管理队伍建设，保障管理实施；拓宽服务领域，创新服务模式。在整个管理过程中，坚持贯彻"以人为本""以读者为中心"的管理原则和理念，使图书馆整体优化升级，步入现代化。

6.藏、借、阅、咨一体化管理模式

藏、借、阅、咨一体化管理模式是将收藏、借还、阅览、导读、参考咨询等多项服务融为一体的服务模式，它尊重读者并为读者提供个性化服务，体现人文思想。其软硬件建设：空间格局通透化、多种信息资源一体化、信息资源保障共享化、布局形式超市化（阅览室功能书库化，书库功能阅览室化，信息服务一站化，读者权益平等化，环境氛围人性化，开放时间全日化等）。该模式是现代高校图书馆采用的全开放式服务模式，不仅给读者带来便利，同时也提高了文献资源的利用率。

除去上述的几种图书馆管理模式，图书馆还有其他管理模式，如图书馆、档案、情报一体化管理模式，图书馆信息管理系统—基于BS模式的图书馆信息管理系统ASP+SQL，大图书馆总馆—分馆管理模式等，虽然它们的形式和内容有所不同，但是它们有一个共同点，即体现"以人为本"的服务宗旨、服务社会的理念。

二、高校图书馆管理和服务的发展

高校图书馆作为图书情报事业的一个重要组成部分，必须对其在数字时代下的价值和地位，对信息产业化与图书馆发展之间的关系予以重新认识、正确定位，体现自己的价值与地位，探讨未来发展方向。

数字化图书馆是未来图书馆发展的方向。数字图书馆就是虚拟的图书馆，是基于网络环境下共建共享的扩展的知识网络系统，是超大规模的、分布式的、便于使用的、没有时间空间限制的知识中心。作为处于教学和科研前沿地位的高校图书馆在图书资料数字化、服务内容多元化、馆藏资源特色化以及加强高校图书馆队伍业务建设等方面必须有所作为，在这一历史性的深刻变化中扮演重要角色，做出自己的贡献。应着重从以下几个方面思考：

1.图书资料数字化

图书资料数字化就是利用数字化设备和技术对高校师生有价值的种类学术期刊、书籍以及图像、语音、影视和科学数据等各种信息进行收集、组织、规范和再加工，并通过计算机网络向师生提供全面、高速的多媒体信息存取服务，促进社会各类信息经济高效传递，从而极大地方便人们的教学、科研和学习。运用数字化技术以贮存和传递文献信息，进一步增强图书资料的共享性和时效性。在数字网络环境下，高校图书馆将工作重点转移到网络资源、信息资源包括馆藏资源的开发利用上。为了适应图书资料数字化的形势，提高图书资料的使用效率，高校图书馆的图书资料管理机构应积极探索实现图书资料数字化配套的管理方法。

2.服务内容多元化

自动化、标准化、网络化是当下高校图书馆服务现代化的标志。个人电脑的普及，校园网的建立，光盘和其他高存储媒介的应用以及数量和规模日益增大的数据库，均成为高校图书馆提供多元服务的有力手段。面对文献信息资源数字化、信息化、网络化新形势，图书馆应积极调整现行的业务流程，进行重新组合；重组后的图书馆，其服务内容拓展到以文献信息资源数字化为主要内容的加工生产、标引制作、系统维护、用户培养、信息开发和信息服务等多门类多系列。同时，高校图书馆还将充分运用自身的数据和全新高效的服务方式及手段，在整合各类知识信息的基础上，使自身不断增值并发挥网络信息导航和专业信息解读作用，帮助读者根据所需信息资源的种类，选择正确的获取途径，以便读者下载、复印、打印等，从而使图书馆的服务内容更多元，服务方式更多样、更便捷。

3.馆藏资源特色化

在网络环境下，每个馆的资源都将由馆藏资源和网上资源两部分组成，且网上资源日趋丰富，图书馆可借助网上资源来提高自身的信息提供能力。根据高校教育的新体制和网络资源共享的要求，高校图书馆的现实馆藏必须具有鲜明的特色性，馆藏要体现加强基础、突出重点、打破陈规、体现特色的新的馆藏模式。高校图书馆的特色不仅要体现学校教学科研的特色，而且还要在地方区域内形成特色；不仅重视印刷型文献的建设，而且还要重视电子出版物等数字文献的建设，还要根据学科优势建立一定量的特色数据库。只有形成特色，才有不可替代性，才具有存在的价值，才能实现特色服务。例如，某些高校图书馆所设立的"地方文化专架"，搜集了很多具有地方特色的本地文化信息，以其不可取代性得到同行的认可和师生的欢迎。

4. 人才建设专业化

在数字化时代，高校图书馆需要的人才已不囿于图书馆学、情报学专业人员，需引进懂技术、有专业知识的信息管理人才，掌握现代技术和专业知识的信息技术人才和熟练运用信息交流、推介的人才，具体地说，一个图书馆需要多元化、多层次、多学科、知识结构合理的高素质人才。在高校图书馆的馆员比例中，"专业化"或"职业化"馆员比例上升，"信息导航员""网络专家""信息咨询员""学科带头人"等"专业化"或"职业化"的馆员将在信息开发与服务中发挥主导作用，这类人才的培训和引进特别对这些年来扩建的新办高校是一个十分紧迫的任务。

在数字化时代，高校图书馆作为高校的信息中心、信息宝库，在不断发展的网络环境下，还要特别重视与社会各类图书馆合作分流，在完成自身教学、科研服务的同时，要面向社会，有条件的可以开展必要的国际交流，充分利用网络资源，使之为实现科教兴国战略目标发挥出自己的作用。

第三节 信息时代高校图书馆管理创新的服务模式

在图书馆知识管理中，管理工作有着较强的复杂性，并且每项工作之间都存在依赖性，而目前图书馆管理模式方面的创新主要有如下几种：一是专家模式；二是协作模式；三是事务模式；四是集成模式。在图书馆管理工作有序开展的情况下，通过知识管理的相关方式来吸引更多专业人士的注意力，并在合理利用各种图书资源的情况下，帮助不同的人群解决各方面的问题，有利于实现图书馆的真正价值，从而促进图书馆管理水平不断提升。因此，图书馆知识管理在图书馆管理模式方面的创新，有着较强的综合性、协作性和高要求，不仅需要图书馆管理各部门的积极配合，还需要各部门充分发挥自己的工作职责，如此才能真正推动图书馆管理模式不断创新。

一、建立以馆员为本的图书馆管理

1.重视人力资本在图书馆工作中的作用

对于图书馆来说，优秀的管理者将成为当代图书馆最重要的资源和首要财富。因为馆员是知识的载体，是图书馆信息库的建造者和维护者，是信息资源与读者用户之间的桥梁与纽带，是高知识含量信息产品的设计者、生产者与操作者，而具有创新精神的馆员又恰恰是图书馆内在发展的动力。

2.重视培养馆员一专多能，实行图书馆员轮岗制度

图书馆的文献信息收集、分类、阅览咨询等项工作互相之间都有紧密的联系，适当地实行轮岗制，有利于馆员了解图书馆工作全貌，树立全局意识。大学的图书馆流通部门的馆员每天通过在书库内的工作，认真地了解读者的借阅

需求，统计各类图书的借阅量，定期制作报表，提供给采购等部门作为调整购书策略的依据。

3.建立馆员与读者的信息通道

读者和管理员应该是平等的，读者可以随时向图书馆员提出建议和请求，对读者来说这比站在馆员的办公桌前拘谨的陈述要人性得多，这种方式无形中拉近了馆员与读者的距离，读者服务工作也更好开展。这种亲切自然的交流环境设计体现了图书馆以人为本、创造和谐的理念。

二、建立创新的管理内容

1.管理制度创新

图书馆的管理制度创新包括管理体制创新、管理方法创新和管理目标创新。在管理体制方面，我国图书馆一直是以行政隶属关系为基础，按照图书馆的领导系统组合的多元管理体制，形成了条块分割、各自为政及重复建设、重复劳动的资源浪费现状。创新管理可使图书馆管理体制趋于多元化，如一馆两业，一馆多制，合作办馆，联合办馆，私人办馆，资源共建、共知、共享等。

2.管理机制创新

内部管理机制包括理顺内部关系、转换运行机制、调整结构、优化队伍、改善条件、提高待遇、调动积极性和增强内在活力等方面。要建立有效的内部管理机制，就必须充分发挥"以人为本"管理的作用，使被管理者始终充满生机和活力。

3.图书馆知识创新

知识创新的关键在于有一支高素质、知识结构合理的人才队伍。大学图书馆更应根据本校学科专业特点，合理引进人才，为本校教学科研服务。对于已有馆员，大学图书馆的管理者应根据馆员的个人特点和工作需要，有计划、有目的、有针对性地对馆员进行全面知识培训，培养具备特定岗位技能的馆员。

三、增强现代化的高校图书馆的服务理念

1. 增强创新意识

创新是一切事物发展的动力，是适应时代发展和社会进步的需要。对于高校图书馆的服务和管理人员来说，需要不断学习、紧跟社会和科技发展新潮流，掌握全球最新的专业理论、最新的专业技术，结合本馆与本国、本专业发展的特点，开拓新局面。

2. 不断提高服务意识

新形势下的图书馆服务业要贴近读者，做到"读者第一，服务至上"，开展多种服务方式，如馆内服务、网上服务、定向服务、专题服务、咨询服务等，全心全意为广大师生读者服好务，强化服务的效果，强调图书馆信息服务专业的文化含量和知识含量。

3. 建立开放式的图书馆

现在我国许多高校图书馆还保留样本书库，由于样本书库不对外开放，样本书库的书也成为"死书"。同时，大多数高校图书馆制定了严厉的赔偿制度，损坏、污染、丢失图书，予以最高3倍到10倍的价格赔偿。因为图书馆的经费有限，管理者认为图书馆花了这么多钱来丰富馆藏，必须保管好以减少损失。这种观念的驱使下，大多数图书馆没有走出封闭的圈子，还是执行"以书为本"，而非"以人为本"。其次，在我国高校图书馆开放的对象是本校的师生，对校外则处于封闭状态，导致大量资源闲置浪费。

四、优化配置人力资源

高校图书馆在传统管理模式下，人才队伍老化，人才组合不够合理。这需要高校图书馆在引进人才方面多引进些图书专业以外的各种人才，如计算机、

外语、历史等各种学科人才，进行图书专业培训之后，通过继续教育、岗位培训、交换馆员、派出进修、做访问学者等途径，逐步改变目前高校图书馆人才单一、匮乏的局面。逐步完善高校图书馆人才结构，以此提高整个高校图书馆人员的综合素质，并从尊重人的个性化特征出发，了解人的所能所长，结合培训结果，大胆起用新人，合理配置部门人员，让他们在适合自己兴趣爱好、能够发挥自己所长的岗位上充分发挥潜能，在管理者的协调下互相配合，最终达到高校图书馆工作的新水平。

21世纪只有依靠知识创新才能促进社会进步。高校图书馆的整体管理和具体工作只有运用知识管理的模式，才能迎接挑战。虽然当前我国高校图书馆知识管理处于尝试性阶段，但是这项工程意义深远，只有管理者从根本上改变传统管理观念，积极实现从传统管理模式向知识管理模式的转变，致力于知识创新和知识服务，才能实现高校图书馆的价值，使其获得可持续发展。

第四节　高校图书馆创新管理模式的原则与途径

创新是在掌握原有的知识或者技能的基础上，不断突破常规，通过资源的再配置、再改进，发现或产生某种新颖、独特的有社会价值或个人价值的新事物、新思想的活动。创新是推动社会进步和发展的不竭动力。创新并非仅仅局限在生产制造或科学技术领域，通过创新而发生根本转变的例子，在服务行业和公共及私营部门也能找到。随着科学技术的发展，高校图书馆进入了数字化、信息化、网络化的时代，其职能也从过去的藏书楼、文化机构、知识宝库向文献、情报、信息中心，学习、研究、社交的场所，知识创新、交流、传播的场所，学术活动中心、研究中心、信息资源中心、信息交流中心、学习中心转变。然而，高校图书馆以往的一些管理方法、管理模式已经不能适应技术发展和时代的需要，必须进行管理创新，通过改革创新，建立一套新的管理运行机制，以推动高校图书馆事业的全面发展。

一、高校图书馆管理创新的原则

1.遵循管理的一般规律，科学创新

从管理学的角度看，管理存在着普遍的规律和共性。因此，管理应遵循决策、计划、组织、指挥、协调与控制等的规律和程序。其中，决策就是厘清以往怎么做的，存在哪些缺点，在哪些方面不适应现代社会环境、服务方式的需要，采取什么样的措施进行改进，其中包括机制、制度方面的更新；计划即是按照新的决策，根据对组织外部环境与内部条件的分析，提出在未来一定时期内要达到的组织目标以及实现目标的方案途径；组织实施是达到目标的关键；

控制是对实施过程的监督管理以及相应的绩效考核等。对于高校图书馆的管理而言，其管理创新也要遵循科学管理的规律，并应用科学管理的理论和方法，把握管理创新的要素和资源，在已有的管理经验基础之上进行科学创新。

2.因"馆"制宜，稳步推进

我国高校图书馆的馆藏文献、资金来源、管理人才等方面存在差异，管理特点和管理方式也不尽相同。因此，管理创新方面要因"馆"而异、因"馆"制宜。

（1）要根据自身管理资源进行创新，选择适合本校图书馆的管理机制、方法和手段，以发挥图书馆的资源优势。

（2）实施创新不能急功近利，要有序推进，因为管理者和馆员思想上的转变和行为上的适应都需要一个稳定的、渐进的过程。

（3）新的管理机制的建立是结合技术发展、职责拓展和服务需要而产生的，管理创新要着眼于图书馆的长远发展。

3.有利于激发全体馆员的积极性，创造更好的管理效益

（1）管理创新要坚持以人为本，亦即，管理创新的核心要素是人。因为图书馆的各项工作无论数字化、信息化还是网络化，最终都是由人来完成或者操作的。图书馆管理创新应能有利于激发馆员工作积极性和能动性，即管理创新首先要能被全体馆员所接受。

（2）图书馆管理创新是为了提高图书馆服务的质量和效率，更好地为师生和员工服务，因此管理创新要切实可行，管理制度、管理方法、服务方式等要易于落到实处，并通过一段时间的实践检验应该是可行的。

二、高校图书馆管理创新的途径

1.理念的创新是管理创新的基础

理念不仅会影响人们对事物和问题的认识和看法，还会影响甚至主导人

们的行为。人的理念受社会环境影响比较大，一旦形成往往很难改变。然而，时代在进步，社会环境在不断地变化，所以管理理念也要扬弃因循守旧的思想，勇于冲破旧的传统，与时俱进不断转变、更新。一方面，要有将高校图书馆的服务纳入公共文化服务体系的理念。随着人民物质生活水平的改善和提升，从而对精神文化也有了更高的追求。党和政府高度重视人民群众对精神文化生活的新要求、新期待，作出了建立覆盖全社会的公共文化服务体系，维护好、实现好、发展好人民群众基本文化权益的战略部署。党的方针政策具有普遍适用性和指导性，高校及其高校图书馆是党领导下的事业单位，遵循党的文化发展方针，参与公共文化服务是对高校图书馆的必然要求。另一方面，要有敢于破除旧的体制弊端、与时俱进勇于开拓的理念。旧的管理体制的建立有当时的时代背景和社会环境，在那个时候可能是合适的，但随着三十多年改革开放以及科学技术的迅猛发展，高校图书馆的一些管理方式、服务形式等已经不能适应知识经济时代、科技发展、人们追求知识的步伐，显现出滞后性和不适应性，因此，要敢于冲破传统的藩篱，遵循发展规律，改革不合理的管理体制、机制。

2. 体制的创新是管理创新的保证

管理体制是决策的形成和传递的形式，是指管理系统的结构和组成方式，即采用怎样的组织形式以及如何将这些组织形式结合成为一个合理的有机系统，并以怎样的手段、方法来实现管理的任务和目的。高校图书馆的管理体制是规定高校图书馆、各部门等在图书馆发展方面的管理范围、权限职责、利益及其相互关系的准则。它的核心是管理机构的设置、各管理机构职权的分配以及各机构间的相互协调。它的强弱直接影响到高校图书馆管理的效率和效能。鉴于以往的管理体制存在相应的弊端和与时代发展脱节的现象，高校图书馆管理体制的创新成为整个管理创新的关键环节。高校图书馆体制创新包括外部体制创新和内部体制创新：外部体制创新就是根据发展需要，重新厘定高校图书馆在整个高校中的地位和作用；内部体制创新就是理顺高校图书馆内部的部门设置、权限职责和分工协作关系。

3.制度的创新是管理创新的保障

管理制度是组织制度和管理制度的总称。组织制度是组织形式的制度安排，它规定着企业内部的分工协作、权责分配关系；管理制度是对管理思想、管理组织、管理人才、管理方法等的安排。没有完善的管理制度，任何先进的方法和手段都不能充分发挥作用。为了适应环境变化的需要，保障高校图书馆管理体系的有效运转，必须在管理制度方面有所创新。这就需要建立起符合发展需要的，且有利于形成一个合理的、整体的系统和激励约束机制的一整套行之有效的管理制度，并将其作为图书馆工作的准则。现代管理制度的主要管理对象是人、财、物、信息，后三者都需要人去管理和操作。因此人是行为的主体，人的管理工作是管理的核心。制度的设计应以人为本，以发挥人的主观能动性、激发人的积极性为出发点。明确官员的岗位职责，加强人员的考核和监督，建立健全的工作制度。同时还要根据馆员的实际状况，建立馆员培训制度和合理公正的分配制度，坚持"效率优先、兼顾公平"的原则，按岗定酬，优劳优得。

4.结构的创新是管理创新的根本

管理结构包括与法律结构相关的治理结构和与管理模式相关的组织结构。组织结构是指对于工作任务如何进行分工、分组和协调合作，表明组织各部分排列顺序、空间位置、聚散状态、联系方式以及各要素之间相互关系的一种模式，是整个管理系统的"框架"。高校图书馆管理结构的创新就是通过对治理结构和组织结构进行相应的变革与创新，从而建立一套符合发展需要的、高效运行的组织管理体系以改进和加强对图书馆的管理。服务是图书馆的关键职责，因此，图书馆管理结构的创新应遵循精简、精干、高效，突出提升服务水平的原则，而其业务服务机构的设置应按照管理的自动化、数字化、信息化及网络化服务流程进行。合理设置岗位，明确岗位职责及任职条件，竞争上岗、择优聘用，做到精干、高效、良好的服务。

5.方法的创新是管理创新的手段

管理方法是指在管理活动中为实现管理目标、保证管理活动顺利进行所采取的具体方案和措施，包括管理手段、方式、途径和程序。任何管理都应选择、运用相应的管理方法。高校图书馆管理方法的创新关键在于赋予这方法新的形式和内涵。核心是如何创造性地发挥人的知识及其应用能力，最大限度地挖掘人的潜力。高校图书馆的管理方法有任务管理、人本管理、目标管理等多种方法，各种方法都有其优势。其中，任务管理是通过时间动作研究确定标准作业任务，并将任务落实到馆员，馆员都有明确的责任。人本管理是以人为中心的管理方法，即由对"事"的管理转变到对"人"的管理，通过分析影响人的行为的各种心理因素，采用一定的措施提高人的积极性，发挥人的主动性和创造性，从而释放出最大的管理潜能，达到提高组织效率的目的；目标管理是组织确定了目标后，对其进行有效分解，转变成各部门以及个人的分目标，管理者根据分目标的完成情况对下级进行考核、评价和奖惩的过程。高校图书馆要根据自身实际，因"馆"制宜，科学运用管理学原理，在科学调研的基础上制定符合本馆特点的切实可行的管理方法。

高校图书馆管理创新是一个系统工程，还应包括管理手段、服务方式、监督评价、绩效考核等诸多方面，并且受许多条件制约，因此，高校要鼓励创新，高校图书馆的管理者要敢于创新，保持一个健全的创新环境，保障管理创新有效、健康开展。最终通过管理创新建立一套新的管理运行机制，推动高校图书馆事业的全面发展。

第四章 高校图书馆管理工作创新

　　高校图书馆管理工作的创新首先体现在硬件的创新，包括建筑和设施。遵照"以人为本"的服务理念，在设计内部空间的过程中必须以读者为中心，本章以两个大学图书馆为例，展现了服务区域的元素设计、主题内涵，无一不体现着大学的教书育人氛围以及专业环境营造等特色理念。其次在软件的建设上，从图书馆管理系统的分析到实现，及至自动化管理和系统维护均有涉及，而处于当今大数据时代，既有馆际合作，也有藏书剔除和文献收集等资源建设举措，亦是图书馆管理的题中应有之意。在此基础上，最根本也是最重要的当属大学图书馆的质量管理体系，是办好图书馆、确保图书馆可持续发展的重要保障，体现着一所大学对其所属图书馆的综合管理能力和水平。

第一节　图书馆空间功能布局

一、图书馆内部空间设计的内涵

图书馆内部空间设计是图书馆设计的重要一项，它既具有室内设计的一般属性，也具有其作为公众阅读空间的独特性。

1.室内设计的内涵

室内设计是指人们根据建筑空间的使用性质，运用色彩、材质、灯光等技术手段，创造出功能合理、舒适优美的室内环境，这一空间环境既具有使用价值，满足功能要求，同时也反映了历史文化、建筑风格、环境气氛等精神因素。

2.图书馆内部空间设计的基础

读者是图书馆生存价值的体现，所以图书馆内部空间设计就是要如何更好地满足读者的需求。而要做到优良的设计，必要的基础就是对读者阅读行为和图书馆业务流程有足够的了解，并能将这些研究成果运用到图书馆的空间设计当中。

二、"以读者为中心"的图书馆内部空间设计

依照设计的步骤，室内设计可分为空间规划、空间环境设计、家具的选择与陈设三大部分。

1.开放、流畅的空间格局

空间规划是室内设计的第一步，"是指依据室内空间的功能需求对空间进行的划分、分区和组合"。在做空间规划时，要充分考虑到图书馆的受众和服

务，然后设计出一个能兼顾不同年龄读者群、不同资源类型和不同活动的区域划分方案，而每个区域的规模和位置，则要依据图书馆的具体情况而定。

（1）开放性。开放的空间规划主要以虚拟空间的形态呈现。主要是依靠非实体墙的虚拟分割来实现，如通过列柱、灯具、书架的排列，色彩和材质的变化等，对空间造成一种视觉上的切割感。这样的虚拟分割使图书馆呈现一种开放的形态，符合图书馆公众阅读环境的开放属性，同时又便于图书馆功能区域的重置与增减，预留了空间发展的可持续性。

（2）流畅性。流畅性是图书馆开放性空间规划的一种体现，具体有以下要求：第一，视野的通透，通透的空间能够让读者快速概览馆内的全景；第二，功能的贯穿性，指读者随时可能产生的服务需求都能得到高效、高质的满足。

对于初次借阅的读者，可以通过导览图快速了解图书馆的布局，从而决定去哪层借阅书籍。图书馆入口处区域是设置"读者自助服务设施"和"快速选择区"的必要区域。快速选择区是为了满足时间紧凑的读者的需求。设置在每层楼梯转角处的服务内容导览图、儿童阅览区的自助借还机、人工咨询和流通服务台，这些服务设施都属于图书馆的快速服务体系，方便读者更加便捷地获取服务。

2.空间性格的创造

"空间性格是空间环境在人的生理和心理上反应的人格化。"不同的空间元素排序，形成不同的空间环境；不同的空间环境，造就出不同的空间性格。构建与图书、读者性格相协调的空间环境，既有助于提升读者阅读的心理舒适度，也有助于增强图书馆对受众的吸引力。

（1）空间环境的营造。图书馆的空间环境设计比较复杂，要有主次之分。首先，要确定整个空间的主格调，是典雅古朴的还是时尚现代的，是沉静稳重的还是开放灵动的。主格调的清晰度严重影响读者对图书馆的认知度，因此要突出，但过于突出反而会淹没图书馆的其他主题，所以空间格调要表现得内隐。其次，是子空间环境的营造。子空间环境其实是对不同功能区内容和目标受众的一种映射。子空间展现自己的性格，可以通过部分用具、元素的改变来实现。

（2）元素设计。空间环境是由空间元素的排列构成的，每种空间元素有其独特的属性和空间构造力。一方面是色彩、照明设计。通过对色彩和照明的合理设计，可以更好地展现图书馆的视觉效果，引导读者，调动读者的阅读情绪和缓解疲劳。另一方面是标识设计。对于初次借阅的读者，清晰的标识设计格外重要。设计合理的标识要综合考虑到馆内建筑风格、空间规模、目标受众、装修色系等因素。标识主要包括：服务布局图、导向标识、区域标识、资源分类标识。服务布局图，一般设置在图书馆的入口处及楼层拐角处。导向标识包括馆外的位置导引标识和馆内的服务、资源导引标识等。区域标识，是对子空间的功能界定，如"自主服务区"等。资源分类标识，包括主题标识、分类号标识，其中主题标识可以是文字标识，也可以是图案标识。

（3）家具的设计与陈列。家具的选择与陈设，关系到读者在图书馆阅读的舒适性，同时也影响到图书馆空间环境的装饰效果。图书馆的家具主要包括书架和桌椅。家具的摆放和尺度关系到图书的利用率。开卷的书架，对顶层的图书有较好的展示，每层置书的隔板都是略略上倾的，方便读者获取书名和查找。书架的可活动性是很重要的。开卷书架可拆卸、重组，方便图书馆布局调整变化。桌椅的作用：一是供读者歇息。二是分割和装饰空间。环曲排列的桌椅，既可分隔成一个独立的区域，也可形成一条读者阅览引导线；通过桌椅色彩、造型的变化，起到区分空间和美化环境的作用。

3."以学生为中心"的图书馆内部空间设计

空间环境对学生智力的开发与人格的完善起着重要的作用。阅读空间的设计是否能符合青年学生的行为及心理特点，能否达到培养青年学生的兴趣和爱好的作用，怎么从青年的角度出发正确引导他们，这些才是高校图书馆空间设计的重点。近几年的高校阅读空间设计中能看到宽敞的活动空间、良好的绿化环境、协调柔和的灯光和无障碍设施，丰富的色彩，大开间、灵活的隔断设计，藏、借、阅一体化，但是其设计表达的形式和布局上还是存在不足的。

图书馆空间设计，从空间的规划到子空间性格的构造，从设备、家具的陈列到图书的展示方式等，无处不蕴藏着一种读者体验的视角。在信息剧增的时代，对有着信息选择困难的读者来说，"快"与"准"才更能满足需求。让图书走向读者，让读者走向图书，让信息、知识得以传播，对于我们正在迈进的知识时代，这些，也许才是图书馆空间设计中该思考的元问题。

三、图书馆文化环境布局实施案例

1. 以成都职业技术学院为例

图书馆基于现有建筑结构，将经典国学、蜀锦蜀绣、川剧脸谱、绵竹年画、羌笛古琴、棋文化等元素融入空间环境，打造具有浓厚巴蜀文化内涵的书香棋韵特色图书馆，提升在馆读者体验感。图书馆入口通道，左置《孔子杏坛讲学图》，右镌传统启蒙读物《千字文》；设置"大书房"区域，内部造"琴棋书画"文化墙；以文房四宝为装点，将图书借阅服务台置于"大书房"中央，烘托出图书馆之古典韵味与意境；以"蜀地蜀风"为主题，采用"图书馆+展览馆"模式将阅读与文化体验相融合。地画古巴蜀疆域，巧设巴蜀文人屏风；专置川剧脸谱、蜀锦、蜀绣、成都卤漆漆器、绵竹年画、羌笛古琴等体验专区，呈现不同地域、不同年代的巴蜀特色文物；摆放刻有棋盘的古色古香阅读桌椅，让读者完全置身于巴蜀文化体验空间。

"迈进图书馆大门，古色古香的巴蜀文化气息扑面而来"，这是很多师生及校外读者进入书香棋韵特色图书馆的第一感受。图书馆新馆开馆后，第一时间在微信平台推广，师生津津乐道，校内外好评如潮，浓厚的巴蜀文化气息吸引着每位读者，更多学生愿意在馆阅览图书、自我学习。

2. 以上海交通大学为例

该校图书馆形成了由闵行校区主馆（新馆）、包玉刚图书馆、徐汇校区包兆龙图书馆、卢湾区医学分馆组成的多馆并行的总分馆运行体系，并不断改善馆内环境，以打造校园文化地标，全力塑造校园文化传承中心的形象。尤其是位于闵行校区的主馆，被布置得现代而瑰丽、典雅而前沿，非常符合现代大学生对于图书馆环境的诉求。

　　新图书馆共有四层，分为A、B、C三个主要服务区域，由9个学科阅览室、工具书阅览室、特藏阅览室、外文期刊阅览室、多媒体阅览室、会议室、报告厅、32个小组研讨室、展览空间、咖啡与常用品提供空间构成。整座楼宇的方位、阅览室、书架标识清晰，极方便读者找到所需资源。各楼层的环境设计注意色彩、大型油画与特殊文化景观的运用，使文化意蕴渗透至每一个角落。一楼大厅为总咨询台及文化展览区域，通透的建筑设计增添空间的广阔壮丽之感，令读者进馆即为之精神一振。位于文化展览区的大型纪念浮雕"百年辉煌"运用现代雕塑的抽象构成和传统具象元素相结合的方式，刻画了交大建校以来的重要纪年与科技成果，展现了百年校园的变化历程。特设的"孔子学堂"，由古朴厅堂、桌椅、孔子画像、对联、竹林、镂空木窗等构筑，使读者于现代楼宇壮丽之感觉中立即沉淀下来，进入浓浓的学习研究状态。"孔子学堂"已成为到馆访问的国外友人的兴趣焦点，有的外籍人士甚至在孔子画像前三鞠躬，以示对中华古老文化的尊重与爱慕。二楼公共阅览空间桌椅的颜色为白绿相间，春的清新之感迎面而生。三楼公共阅览空间桌椅颜色为红与黑搭配，夏之热烈、冬之凝重尽括其中。30多米长的大型油画"荷田"营造出纯净、优美而超脱的阅读氛围。四楼公共阅览空间桌椅的颜色为湖蓝与金黄，秋之宁静与收获之感油然而起。

　　三个服务区域通过资源布局及文化环境营造而特色各异。A区以"生命"为主题，生命、医学、理学、农学类资源尽置于斯，文化环境设计上蕴含金、木、水、火、土五行相生相克之道理，传递尊重自然规律并积极探索的精神。为展示图书馆的发展历程，A区一楼专门设立了"老图书馆的缩影——沧海一粟"，介绍图书馆创立、发展的历史，展示相关图片、老家具和老设备，以让学生在学习的同时依然能感受到历代图书馆所代表的知识传承的力量。B区以"科学"为主题，运用主体影像的明、暗对比突出科学发明成果，展示海、地、空、天各种资源的开发和利用，寓意汲取知识的力量。C区以"传承"为主题，集合中国古代教育思想精华六艺之"礼、乐、射、御、书、数"，展示著名科学家以及历史名人。C区特藏阅览室将欧式古典家具与明清家具结合，引入上海石窟门、中国结等古典元素，使整个阅览氛围呈现出宁静致远、圣洁典雅的氛围，引人入胜。新图书馆的一系列文化环境设计与布局，使整体阅览环境舒适雅静，学生们的评价非常高。有学生说"新图书馆好得像家一样"；也有学生写道："在这里，可以尽情做着自己的梦，关于理想、关于人生、关于一切美好的事物……图书馆于读者的意义，一种沉淀的底蕴，一种悄无声息、恣意狂欢的愉悦，或者说是一种生活的趣味，又或是梦想的护航者。"

第二节 图书馆管理系统

　　图书管理是高等学校图书馆必须切实面对的工作，但长久以来人们使用传统的人工方式管理图书借阅信息。随着计算机网络技术的不断提升和深入发展，这种方式存在着许多缺点，如效率低、保密性差且较为烦琐。另外，随着图书资料数量的增加，其工作量也必将大大增加，将会增加图书信息管理者的工作量和劳动强度，这给图书资料信息的查找、更新和维护都带来了很多困难。这时图书馆就尤其需要开发一套图书管理系统，通过该系统来提高图书馆的管理效率和保密性，从而减少管理方面的工作流和成本。

　　图书管理系统的生成有着手工管理无法比拟的优点，如查找方便、检索迅速、可靠性高、保密性好、存储量大、成本低等。一个典型的图书馆管理系统应该能够管理所有的图书种类、图书信息以及读者信息，还需要提供各种图书信息的检索查询功能。该系统还需要能够对图书的借阅、归还进行管理，并对读者的罚款进行自动计算。通过该系统的自动化管理，能够大大减少图书馆管理人员，还能减少管理人员的工作任务，从而降低管理开销和成本。这些优点能够极大地提高图书管理人员对图书管理的效率。因此，开发一套能够为用户提供充足的信息和快捷的查询手段的图书管理系统，将是非常必要的，也是十分及时的。

一、图书馆管理系统的分析

1.图书馆管理系统功能需求

一个最基本的图书馆管理系统要有如下几个重要功能：

一是，用户在借书超期的情况下得到来自管理员的提醒。

二是，管理员可以方便地进行图书管理、用户管理、管理员管理。图书管理包括图书信息以及图书分类的添加、修改、删除。用户管理包括用户信息的添加、删除、修改。管理员管理包括管理员信息的添加、删除、修改等。

三是，管理员可以修改自己的密码，修改前需先核实自己的原始密码。

四是，实现模糊查询，使用户得到更多的相关记录，并且考虑使用的方便性，一些经常使用的输入无须用户输入。比如，进行图书查询时图书分类只需用户做选择就可以。

五是，考虑程序执行操作时可能出现的情况，比如删除图书分类时该分类下存在图书，程序自动跳转该分类图书查看；删除某个用户，如果存在借书记录则不允许删除，跳转到该用户的借书记录，等待管理员确认该用户所借图书已经全部归还之后才允许删除该用户信息。

一个合格的图书馆管理系统应该确保能实现以上几个基本功能。

2. 数据需求

本系统经过可行性分析一共设计规划出4个实体，分别是图书信息实体、读者信息实体、管理员实体、图书借阅信息实体。经过一系列的调查研究、信息流程分析和数据收集，明确了该系统的主要功能是：学生借阅书籍；管理员管理书籍；管理员查询学生信息。

3. 模块设计

一般的图书馆管理系统基本具备5个功能模块，分别是图书信息管理模块、读者信息管理模块、新书入库管理模块、图书借阅模块以及系统维护模块。其中各功能模块的具体说明如下：

图书信息管理模块：该模块主要负责管理图书馆的图书信息，如图书编号、图书名称、作者、出版社等信息。

读者信息管理模块：该模块主要负责管理图书馆的读者信息，如读者编号、读者信息、电话号码等信息。

图书借阅管理模块：该模块主要负责图书馆的书籍借阅和归还信息，包括图书借阅、图书归还、图书搜索3个子模块。

图书入库管理模块：该模块主要负责管理图书馆的新书订购信息。

系统维护模块：该模块主要负责图书馆的工作人员信息，包括管理人员更改登入系统密码。

二、图书馆管理系统设计思路

图书馆管理系统主要针对图书馆传统手工管理工作流程中图书编目、图书检索、图书流通和读者管理这四个主要组成环节进行全面分析，从图书采购到馆后，图书馆管理员将图书详细信息（包括：ISBN号、正题名、作者、出版社、价格等），编目录入到计算机，为减轻管理员传统繁复的手工分配工作，系统自动建立书籍管理的财产号、唯一标识每本图书的识别条码和图书检索目录。对于图书检索，读者可以通过与图书馆联网的其他任何一台计算机登录访问馆藏目录，选择多种方式进行图书检索。

针对热门图书流通率高以及一般学生课余支配时间有限的实际情况，提供网上馆际图书预借功能，管理员按预借表目顺序提前为读者的借阅资料做合理调拨和准备，从而为学生提供更广的借阅时间和空间。为更加有效地配合图书的流通管理工作，读者也可以通过这个查询终端对个人借阅时间、预借情况、图书催还、罚款记录等借阅情况进行查看了解。同时建立一个详细的读者信息管理库，按读者不同类别设置不同服务标准进行区分管理。系统综合每个环节提供关联统计，帮助管理员全面准确地了解这个庞大的信息资源库的流通情况以及馆藏动态。科学准确的条码识别技术贯穿服务于整个图书信息录入、流通和读者借阅工作，减少了手工误差，提高了图书馆的服务质量和效率。

三、图书馆管理系统的实现

1.登录模块实现

该系统登入界面由管理员输入用户名账号和密码登入，所登入的数据必须通过数据库里存在的数据验证通过才能登入。整个操作界面实现了管理员登入和退出两个功能。

2.读者信息管理模块的实现

本读者信息管理模块包括：添加读者界面，可以通过填写新读者的一系列信息，提交数据到数据库；读者信息管理界面，该界面设置了将读者编号为主键，管理员可以通过读者编号来查询读者的所有信息。通过这两个界面的操作，管理员可以添加、查询、修改与删除读者的信息。

3.系统维护模块的实现

系统维护模块包含两个子模块，分别具有更改密码功能和添加、删除管理员账号功能。其中更改密码模块用来更改管理员登录系统密码，添加和删除管理员模块用来添加和删除管理员的登入账号。

本系统维护模块的运行界面。包括修改管理员密码，需要先输入管理员的原账号和密码，以确认是管理员身份的操作才能进行修改。管理员账号和密码的添加和删除，需要管理员输入一个全新的账号和填写原先的账号进行添加与删除。

本系统功能的实现主要使图书系统管理更加明确，效率更高，操作更加方便。开发一套完整的图书管理系统，使其实现信息化管理以达到利用最少的时间和人力获得最大的收益。

四、图书馆管理系统结构

图书馆管理系统应充分考虑图书馆现代化管理需求，能够根据时间、地点、书籍等对图书馆的管理现状进行统计，主要包括以下五个部分：

1. 门禁系统

在图书馆的总出口处安装门禁设备，作为图书馆出口监控设备，这样，读者在完成正常借阅手续之后，才能将图书带出图书馆。为保证图书安全，使用双重层叠的检测门来监督图书的正常流出与非正常流出（即失窃），在两重的检测下防止失窃现象的出现。

2. 卡禁系统

在图书馆的总入口处安装刷卡设备，学生与老师凭借校园一卡通，在该设备上进行"一刷"才能进入图书馆。这样，一方面可以保证图书馆的秩序和安全，另一方面可以自动统计记录学生老师图书馆入馆情况，为定期的调查（如各学院师生入馆人数统计）做好准备。

3. 自助借还机

在图书馆的借还处还应该安装自助借还机。所谓自助借还机，就是代替人工进行借书、还书的机器。读者可以通过该设备自行进行书籍的借出与归还操作。但是对于超过借阅期限的书籍则需要到前台人工扣费后才可归还与借书。除此之外，读者可以利用该设备查询自己的借阅图书情况，将学生卡放于感应器上，那么屏幕上将显示读者姓名、已借阅书籍、可借阅书籍以及到期时间等信息。

4. 磁条处理

图书用久之后可能会出现消磁的现象，所以管理人员要对某些图书的磁条进行批量处理。同时，管理人员可对平时入库的新书批量地充磁、消磁或者零星充磁、消磁。

5. 规则管理

管理员对于读者借阅书籍的权限（可借阅书籍数目、可持有天数等）进行约束，若有图书遗失或超期未还的情况发生，图书馆都应该规定处罚的条例，应该详细说明处罚的限度，且包括处罚手段。另外对于操作此系统的前端工作人员的权限也应该有一定限制。故而这些都应该只能由系统管理员来进行操作和修改。

五、图书馆管理系统的自动化管理

图书馆自动化管理系统是校园图书馆现代化管理的重要组成部分，它不仅能够为图书馆现代化管理提供帮助，还能作为实时更新的设备不断为图书馆提供更为优化的管理。图书馆自动化管理系统，应该能够紧密配合学校发展，适应图书馆管理和服务的新环境，特别是一体化管理图书馆各种设备和资源。以图腾图书馆集成管理软件9.0版本为例，它的管理系统就很好地满足了管理系统构建的原则。

1.图书馆集成管理软件新系统，其运行更加稳定，且数据容量更大，方便实现馆际互借，资源共享。

2.网络接口更为开放。它可以满足新技术和新设备的应用要求，如自助借还机、卡禁系统等图书馆新设备。

3.客户端自行升级，进而自动提供最新功能说明，对于图书馆日益增多的工作终端能够更方便管理。

4.软件统计速度快捷。该软件在对流通数据的复杂条件统计过程中，能够达到十数秒内完成。

5.报表设置更灵活。报表的结构、栏目、顺序等可以随意设置，满足用户需求。

6.最新辅助编目数据库系统。它可以提供更高效的编目数据下载手段，众所周知，随着图书采购量的增加，提高编目效率尤为重要。系统采用全新技术手段，所提供的数据下载成功率可达近乎百分之百。

7.资料、图书页打印所见即所得，继而实现书标和统计表等打印要求。

六、图书馆管理系统的维护

图书馆现代化管理系统包括物质因素和思想观念，所以在系统运行的同时需要投入人力去进行维护。因此，为做好高校图书馆现代化管理系统的实施，应做到重视经验的学习与现代化管理人才培养。总结经验，购买图书馆现代化管理系统，不仅是购买系统本身，还将学习到大量的成熟的图书馆管理经验和图书馆管理模式。所以应该通过引进、实施图书馆现代化管理模式的过程，对自身的管理思路和业务操作进行规范。另一方面，图书馆在考察图书馆现代化管理系统时，需要邀请厂商对系统进行实际操作，看其是否能够达到要求。在引进图书馆现代化管理系统以后，管理人员需要及时邀请厂商为图书馆全体员工面对面地进行讲解，每位管理人员需要在演示期间充分消化演示人员讲解的内容，将疑问消除。

七、图书馆管理系统特点

1.丰富的报表

图书馆管理系统提供丰富的报表（共有几十种报表），不仅可以打印出来，还可以导出到各种格式文件中，可以直接发布到校园网络上或提供给其他部门使用。可以说目前图书馆所需要的各种报表，系统都能提供。特别是根据学校用户要求开发的一些功能很受学校图书馆用户的欢迎，如毕业班催还清单报表、图书借阅或读者排行榜、按工具书与教参等介质类型进行分类统计的报表、按藏书地点进行分类统计等一些非常实用的个性化报表。并且可以将报表导出到指定格式的文件中，以便进行数据交换或直接连接到校园网上。

2.图书远程编目

图书馆管理系统提供Z39.50的客户端，并与编目系统完整地结合，不仅实现本地书目总库的查重，本地共享编目库的套录，也实现与INTERNET上其他编目中心数据库的连接，达到免费套录异地数据库中的编目数据，既大大提高了图书编目速度，又节约了成本。

3.系统方便实用

图书馆管理系统是专为高等院校图书馆特殊群体量身设计的，系统界面友好，操作非常方便，只要培训半天，用户即能流畅自如地操作。实践证明，不管学校图书馆是否有专业的管理人员，都能够管理出一个专业的图书馆。图书编目建库是图书馆中一个最重要也是最花时间的工作，系统在考虑到编目数据的共享、远程数据套录的同时，在编目的操作中也要考虑得非常细致。

4.打印图书标签方便

图书标签的打印和粘贴是一件非常麻烦和费事的工作，图书馆管理系统的标签打印非常方便，不仅提供标签的批量打印、标签补打，并且提供按各种条件、顺序来选择打印，根据自身的标签规格来自定义打印方式。方便的打印标签方式为贴图书标签提供了便捷。

5.图书入库方便快捷

图书馆管理系统的图书入库非常方便快捷，在录入图书条形码时不指定其地点，加快图书编目的录入速度，在真正入库处才指定图书的入库地点，这也避免图书入库错误，导致图书所在库并不是先前指定的库，引起图书书库的混乱。系统提供了批量入库和单本图书的入库，可以快速地将每本图书入到指定的书库中。而清楚的图书入库清单报表，也提供给管理员一个清楚的依据。

6.图书借还非常方便

图书馆管理系统的图书借还非常方便，借书、还书、续借、罚款等都在一个界面中，图书的借还根本不用考虑什么，只要使用条形码阅读器扫描图书条形码或借书证条形码即可，系统将自动进行"借"与"还"，不需要用户选择。对逾期还书的处理一般图书软件只提供罚款的处理方式。

7.借书证信息管理灵活方便

读者借书证的管理中，图书馆管理系统对读者管理非常灵活，按入学年度分成不同的读者类型，这在读者批量注销（如毕业）时操作将非常方便快速。读者信息中也可以加入读者的相片，在借还图书时可以方便地检查借书的读者是否是其本人，防止借书证丢失后的损失。

8.数据完整、一致性好

图书馆管理系统软件均采用MsSql数据库，并在数据库表级对数据的完整性和一致性进行约束，保证数据库中数据的正确性和安全性。方便的数据库备份，可防止运行环境的突然崩溃（如硬盘损坏、系统遭病毒破坏），不至于影响数据库中的数据。

随着计算机技术的飞速发展，利用计算机来获得和处理信息是当今信息管理的一大特点。图书馆管理系统功能非常强大，系统操作简单灵活，易学易用，易于维护，适用于各高等院校的图书馆。它的系统化、规范化和自动化，能最大程度提高操作人员的办公效率。

第三节　图书馆信息资源建设

一、高校图书馆信息资源建设现状

图书馆的信息功能，应包括人类文化遗产、社会教育、科学情报和智力开发等方面的信息资源的服务。而在信息社会，对于高校来说，图书馆是储藏信息量最大、最全、最新、最及时、最集中、最丰富，流通最有效、最快捷的部门。高校图书馆不仅应该满足教师、研究生、本科生、专科生、高职生和留学生等各层次人才对信息的需求，还要满足各专业人才学习、科研对信息的需求。不仅要满足校内教师和学生的信息需求，还应扩大服务面，提供地方文化普及，精神文明建设，企业科研单位的专业文献服务、社会文化服务、区际远程服务。既要有专业特色服务，体现个性化服务，还应提供综合文化需求服务。高校图书馆是高校综合性的信息库，但在我们国内一些高校的图书馆的信息库还仅停留在"概念"的层面上，高校图书馆的使用率相当低，图书馆的信息功能特殊地位体现不足。主要原因分析如下：

1.传统的培养模式导致学生被动地接收信息

国内传统的培养模式是讲授式，学生的学习以教师讲授为主，学生属于被动地接受信息，学生只追求将课堂上或教材上的知识点有一般了解即可，而缺乏进一步深入探究的引导。在这种培养模式下，学生的主动探求知识奥秘的精神受到压抑，因此，只有很少的学生会利用更多的业余时间去到图书馆查阅文献，扩充知识面，获取更多更新的信息知识。

2.办馆模式单一，馆藏信息资料发展受限

高校专业设置门类增多，而各高校图书馆建设相对滞后。馆藏文献种类和数量不足，文献太旧，品种不够齐全、学习参考书太少；中文期刊种类少，档次不高，外文期刊更是欠缺；网上可查资源较少、公共计算机数量不足。此外，不同师生需求不一致，师生对信息资源的需求越来越多样化，不再满足于单一的馆藏信息服务。如果增加对社会的信息资料的服务，则更显得信息资料的单薄。而当前国内高校办馆大多为独立建馆，独立使用，图书馆的建馆经费严重不足，这进一步制约了馆藏信息资料在量和质上的扩充和提高。

3.网络技术的发展弱化了图书馆在信息交流中的地位

随着网络技术的发展，许多传统的文献传递服务现在直接通过网络技术从存贮文献信息的数据库中获得原文，网络的强大功能可以使用户通过各种途径和各种服务方式来获取所需信息。

4.信息传递不及时

信息社会的发展，往往是最新的信息更显得有价值。因此信息资料的及时传递显得尤为重要。高校图书馆受多种因素的制约，馆藏信息资料获取不及时。一般的高校因经费的限制，难以购置国外高质量的期刊，国外发表的一些前沿理论与技术信息往往是在经中文翻译后才被读者了解，这大大延迟了信息的获取时间。而且，新图书从订购、采编、流通等环节需要一定的时间，且受数量的限制，借还周期比较长，种种因素，都导致信息传递不及时。

二、加强信息资源建设的举措

1.馆际合作

高校图书馆的共建，将通过协调订购等方式优化资源配置，可以解决高校图书馆文献购置经费紧张，解决文献信息资源难以自给自足、资源重复建设与缺项并存等常见问题，而且能更好地满足读者多样化的需要。此外，图书馆的合作能够促进高校间的交流合作，推动各高校根据学术信息资源分布情况，调整、配置其他教育资源，甚至学科教育设置等，使各高校高等教育构成一个联系更密切、效益更高的系统。因此，统筹各校的文献资源，走"共建、共存、共知、共享"的联合办馆之路，就显得很有必要。

馆际合作可以通过建设图书馆自动化集成管理系统实现。图书馆自动化集成管理系统使图书馆数据库与校园网全部连接，使资源上网，实现高校馆际资源共建共享，建设一个真正具有文献资源管理和协调机制、完善的馆际资源存取和传递功能、内外联通的文献资源共享系统，实现书刊通借通还和提供全天候网络信息检索服务。各图书馆还将通过互联网与各省市公共图书馆交流资源、共享信息，共同形成学、教、研所需的文献保障系统。这样，可以扩大各馆藏利用率，提高文献共享效率和文献保障率。

就目前国内外馆际互借的实践来看，馆际互借模式通常有集中式和分布式两种。

（1）集中式馆际互借，指由一个国家级的图书馆或文献供应中心集中提供文献保障服务，图书馆（或用户）直接向中心提出文献申请，中心通过自身馆藏或从他处获得后提供给申请方。

北京大学图书馆的李凯军对集中式馆际互借的服务类型做了总结，认为集中式馆际互借主要有四种服务类型：其一为集中型，是指文献供应中心有独立的馆台和庞大的馆藏资源，承担全国基本的文献保障服务。这需要国家政府稳定的财政支持。中心主要面对图书馆提供服务，一般不直接面向零散的个人用户。如大英图书馆文献供应中心（BLDSC）就是这种类型的典型代表。它凭借政府强有力的投入，集中收藏了5万余种常用的连续出版物，并通过优质的服务满足了全英国80%以上的文献需求。其二是滴漏型，1977年由美国国家图书馆情报学委员会提出。整个系统由三个层次组成：第一层是用户层，为全国的基层图书馆；第二层为国家文献供应中心，负责协调采购与服务管理；第三层由若干国家级图书馆组成，负责资源建设和向基层图书馆提供服务。我国的国家科技图书文献中心（NSTL）、中国高校人文社会科学文献中心（CASHL）采取的就是滴漏型的模式。其三是补偿开关型，1979年由美国ArthurD.Little咨询公司提出。首先在全国范围内选择一个馆藏丰富、服务基础良好的馆际互借网络作为文献供应中心的基础，然后由政府新建一个专门的国家文献中心，负责采购馆际互借网络中缺漏的期刊，馆际互借网络和文献中心共同保障全国的期刊文献供应。其四是自由竞争型，1979年由美国ArthurD.Little咨询公司提出。国家文献中心不需要联邦政府的参与和扶持，国家级图书馆、研究型图书馆和文献供应公司均可通过自由竞争来充当国家文献中心。

集中式馆际互借系统的工作模式如下：

第一种模式：用户从本馆的书目检索系统中，没有检索到所需要的文献，可通过文献供应中心的联机书目检索系统进行检索查询，通过馆际互借申请单的填写，文献供应中心对其进行身份认证，继而进行馆际互借服务。

第二种模式：用户从本馆的书目检索系统中，没有检索到所需要的文献，继而委托本地图书馆进行馆际互借服务。图书馆对用户委托信息要进行审理，必要时利用各种检索工具对用户提供的书目信息进行修正或补充，同时检索文献供应中心的联机公共目录检索系统，并向其发出馆际互借请求。

第三种模式：文献信息中心如有需要的文献，可直接进行馆际借阅服务；如没有所需要的文献，则进一步通过其他的馆际互借系统，进行下一轮的馆际互借服务，为用户索取到所需要的文献。

（2）分步式馆际互借，指以区域性的图书馆或文献提供中心作为资源收藏和服务单位，彼此间组成馆际互借服务网络，网络内任何一家成员单位均可向网络内部的其他成员单位索取所需文献，同时也有义务为其他成员单位提供馆际互借服务。

分布式馆际互借服务模式从流程上又可以分为以下两种方式：一是馆对馆方式。读者先向本馆提出馆际互借请求，再由本馆的馆际互借员进行本地查询和资源定位，然后把该馆际互借请求直接发送给借出馆；借出馆将文献传递给请求馆，再由请求馆将文献传递给读者。如CALIS馆际互借文献传递服务网。二是馆对读者方式。读者检索联合目录后直接将馆际互借请求发送给借出馆，借出馆将文献直接传递给该读者。此种方式要求借出馆应能对外馆读者进行身份验证。

分布式馆际互借系统的工作模式如下：

第一种模式是，用户通过文献信息中心、各区域中心、外借馆的联机公共目录检索系统，查找所需要的文献，然后通过馆际互借系统发出借阅需求，外借馆对用户身份进行验证，并将所需文献传送到用户手中。用户阅读完毕后，将文献寄回外借馆。

第二种模式是，用户通过本馆的文献传递系统，将文献借阅需求发送到本馆文献传递工作人员处，工作人员对用户的需求信息进行分析、检索定位，然后对外借馆的检索系统进行检索查询，通过馆际互借系统发送传递需求，外借馆则根据其需求将需要的文献发送到工作人员手中。工作人员再将文献转交于用户。用户用完后交于工作人员，工作人员再将文献寄回外借馆。

2.藏书剔除

藏书剔除即"将某些图书从基本藏书区中撤出，转入某种辅助藏书区、储存中心，或加以注销"的一个过程，将一部分失去使用价值或利用率很低的书刊撤离一线书库，可使留下来的藏书更加符合图书馆的任务和读者需要。

常用的藏书剔除办法主要有主观判断法、书龄判断法、使用年限法等，其中主观判断法是藏书剔除最常用的方法之一，是馆员按照事先拟订的一系列相关的剔除标准（或准则），凭借自己的经验，直接在书架上剔除文献资料。面对知识内容千差万别、质量水平参差不齐的藏书，运用主观判断法进行藏书剔除的尺度很难把握。

书龄判断法是根据图书年代进行藏书剔除的一种方法。可是相同书龄图书的利用率会相差甚远，单纯以年代决定藏书的去留，就有可能把一些有价值的、使用率高的旧书剔除出去，或者留下许多书龄较短、不符合读者需求的图书。

文献寿命"半衰期"体现的是知识情报的老化与更新的基本规律，可以作为一线书库藏书剔除的一个参考依据。然而在实际工作中，量化某一馆藏是否超出其有效使用年限，或者超出了多少，都是很困难的。

调查研究法是开展特定范围（读者、专家）的调查，并根据调查结果进行藏书剔除的一种方法。它过分注重代表范围内的即时需求，忽视馆藏体系整体的、长远的建设和发展。

滞架时间是反映图书使用情况的一个客观标准，如果大量利用率很低的馆藏文献继续留在一线书库，会增加馆藏的承载负担和经济支出，增加读者查找和获取的时间。但如果图书没有放到规定位置，或者读者没有发现它，那么它自然没有被利用的记录，很可能就被选为剔除对象。

目标比对法是根据资源建设目标进行藏书剔除的一种方法。然而，藏书体系也需要不断完善，这种方法有时会加大滞后的周期。

上述方法从不同角度为藏书剔除提供依据，总体上说是各有千秋。有些时候，单独使用上述方法在时间、人力、质量等方面难以满足藏书剔除的需要，需要结合目标，摸索更先进、更科学、更合适的藏书剔除方法。如在图书馆集成管理系统得到普遍应用的当前，可以依托各集成管理系统的功能，跟踪特定读者群，核实电子文献、各种数据库、虚拟馆藏的覆盖面、特色和利用情况；与对口院系、各专业尤其重点学科、基地建立长期的联系，掌握对口院系学科的专业设置、课程设置及学生和教师用书需求；根据入藏、流通、阅览统计，确定反映本馆利用状况的藏书周转率，研究剔除一部分非本馆特色学科的文献和少有人问津的文献。传统的藏书剔除工作也可以根据计划进度、一个库一个库、一类一类持续不断地开展，形成一个经常性、制度化、规范化、以3至5年为周期的、按主题（或按类别）的藏书剔除制度。

利用计算机很容易列出长期滞架文献的清单，但是要从这几十万条数据中判断出哪些图书应该在这一批剔除的确有困难。况且，判断馆藏图书是否有使用价值，使用频率的高低只是其中的一个方面，使用频率的高低并不一定与使用价值的大小同步，滞架书刊中不乏一些内容质量及其时效性都是好的或比较好的书刊，不应属于剔除之列。因此必须启用专用的系统，把具体的量化指标限定条件输入计算机，如历年利用率要求、出版时间要求、复本数量要求、外观状态要求、修补次数要求等，其中连续利用率、出版时间、复本数量可以从数据库获得，外观状态和修补次数如果有记录以记录为准，没有记录则认定外观状态正常、修补次数为零。在计算机分类平台完成检索之后，记录符合条件的分类结果，生成一个符合量化指标的表单。面对学科知识千差万别、书品质量参差不齐的具体藏书，不是用几条原则标准就能决定取舍的，随时都可出现一些实际问题。所以还需具体问题具体分析，还须对藏书进行逐类审查、逐种鉴别，任何僵化的、一刀切的做法都是不可取的，因此需要对拟剔除文献进行必要的复审。

通过复核的拟剔文献，才可以分门别类交付工作人员把对应的文献逐一从架位上按顺序抽取出来，按顺序集中存放。下架后应设一道复核工序，即由复核人员对下架的剔除文献进行认真核对，以防止误剔、漏剔。同时，对获批下架文献进行相应的数据处理，把剔除文献的去向反映到相应的数据库，调整库位，生成新的排架号。

藏书剔除的主要目的是为了提高藏书质量，让使用率高的藏书留在一线书库的开架书位上，方便读者取用，提高流通书位的利用率，控制开馆成本。斯坦利·J.斯洛特的相关研究表明："当一个图书馆的核心藏书占该馆现有图书的72%～84%时，可以保证满足99%的读者使用需求。"换句话说，如果一个图书馆将其现有藏书的16%～28%图书予以剔除，会对1%的读者需求产生影响。所以储藏剔除不能将剔除文献轻率地抛弃，对尚有一定参考、利用价值的书刊，优先移至贮藏书库，密集排架，以为读者可能产生的特殊文献需求提供保障。通过对藏书剔除相关问题的研究、分析和解决，可从藏书是否符合读者群的需求、藏书分类是否恰当、藏书著录是否准确、藏书排架是否符合读者习惯等一个个侧面为馆员改进工作提供非常重要的反馈信息，进而有利于修正和调整资源建设的方针和政策，有利于管理水平的提高。

藏书剔除是藏书建设的重要环节，在当前图书馆集成管理系统得到普遍应用的前提下，依托图书馆集成管理系统的功能，可为藏书剔除工作提供更客观、更准确的依据，并有效地保障藏书剔除的进度和质量。

3. 文献收集

要建设一个包含不同行业、不同内容、不同形式的文献信息库，就要通过多种途径去收集文献。如果收集文献工作不到位，就会降低整个文献库的价值。

（1）纸质文献的收集：传统的阅读习惯要求图书馆仍要有大量的图书藏书，对于高校师生来说，一方面想要大量快速获得信息，另一方面也想通过阅读来提高修养和陶冶情操。纸质文献的收集途径大致有两种：一是接受赠书，即通过征集工作，或者通过馆员的人脉关系向社会征集所需文献，还有就是市民主动赠书。二是购买文献。纸质文献的收集不仅满足了读者的需求，同时也丰富了图书馆的馆藏图书。纸质文献的收集主要是图书和期刊，图书的收集要明确学科范围和收藏复本数；期刊的征订要做好统计，争取做到有效征订。

（2）电子文献的收集：科学技术的发展推动着全球信息化发展，促使文献载体不断更新，使得文献的价格不断上涨，由于经费匮乏、设备限制等多方面的因素，制约了图书馆文献信息同步于读者的需求，数字信息的出现缓解了这种尴尬的局面。电子文献信息存贮量大、出版周期短、体积小，在依靠互联网传递信息的时代备受欢迎。沿海地区高校图书馆对电子文献资源的收集比较重视，因为数字时代信息增长速度很快，其中不免有大量临时性、消费性、重复、质量低劣甚至虚假错误的信息在其中，所以就需要认真审视以获取真正需要的有价值的信息。目前电子文献的收集主要是通过购买、租用付费或其他付费的方式获得。一是直接购买一般光盘的资料；二是通过网络，以包库租用付费的方式开通CNKI中国学术期刊、博硕士学位论文全文网络数据库；三是以购买读书卡及其他付费方式引进电子图书。引进数字图书馆，在一定程度上弥补了纸质文献的局限，有效地补充了馆藏品种和复本量。

新时代对图书馆文献的要求，已经不再是纸质文献所能满足的了，为了适应时代的发展，以信息传递为目的的网络时代把图书馆带入一个新的环境，在这个新的环境里，图书馆既不是单一的传统图书馆，也不是单一的数字化图书馆，而是集合传统、数字、自动化为一体的新型图书馆。丰富的网络信息资源让读者对信息的需求产生了极大的变化，方便、快捷获取大量信息是读者对图书馆的迫切要求，于是电子文献在图书馆的比例越来越大，用于引入电子文献的资金也越来越多，日益丰富的网上资源也成为文献保障体系中的一部分。从某个方面来说，传统的封闭式图书馆已逐渐演变成开放式的文献信息资源建设。电子文献已成为当今图书馆文献资源的重要组成部分，它弥补了纸质文献的局限性，文献资源数字化后，通过互联网的传送，实现资源共享。

文献信息资源建设，就是把在一定范围内的图书馆文献资源进行积累和布局，以应对经济全球化和信息网络化下用户的多元化和个性化需求，满足社会发展和地区建设的需求。在新形势下，沿海高校图书馆的文献信息资源建设，就是让各馆利用现有的财力和物力达到最佳的办馆效益，同时使图书馆传统藏书与现代数字信息优势互补，共同满足用户的需要。

信息社会的人们，不管是高校的师生，还是社会上的各层次各专业方向的人才，在信息需求方面都要求信息的快捷和准确。高校图书馆作为一种服务高校和地方的社会文化设施、一个重要的信息集散地，应不断强化其信息功能。因此，应充分挖掘其潜力，发挥图书馆在信息传播中的集散作用，这对提高办学质量、促进社会的发展都有着积极的意义。

第四节　质量管理体系

早在20世纪90年代，欧美等国家的大学图书馆就开始将质量管理引入图书馆管理的工作中，并取得了良好的效果。如何从图书馆管理的各个方面下手加强高校图书馆的质量管理，把高校图书馆服务工作做得更好，是当前诸多高校图书馆提高管理服务水平需要首先解决的问题。因此，高校图书馆实施全面质量管理是办好图书馆、确保图书馆可持续发展的重要保障。

一、图书馆质量管理的必要性

1.有利于图书馆的可持续发展

在高校图书馆全面实施质量管理，不仅是因为质量管理理论的基本指导思想和管理特点符合图书馆的实际，同时也是形势发展对图书馆发展提出的客观要求。在高校图书馆全面实施质量管理是图书馆管理上的一次重大改革，它将从管理思想到管理作风、从管理内容到管理方法及整个管理组织等方面使图书馆的管理发生深刻的变化，使图书馆事业朝着更加科学、合理、高效的方向发展。相对于我国现行的图书馆管理、考核、评估制度而言，全面质量管理侧重于图书馆的可持续发展。

2.可提高图书馆的服务质量

高校图书馆是一个以广大师生为服务对象的机构，而全面质量管理是以提高图书馆服务质量为基点、以提高效益为目的。长期以来，图书馆的服务质量缺乏规范、统一的标准，服务质量的评价机制也不是很全面和完善，对出现的问题往往只能在事后进行检查和处理，工作处于被动的状态。而图书馆的全面质量管理将使服务质量检查评价、监督、考核体系由被动、随意型向规范、标准型转变，从而保证图书馆较高水平和稳定的服务质量，满足读者的需求。

二、图书馆质量管理的内容

1. 文献资源采购的质量管理

文献信息资源是大学图书馆开展信息服务的核心，其采购的数量和质量将直接影响到高校图书馆的服务质量、效果和效率。为提高文献资源的采购质量，在预订各种载体的文献时首先应在广大师生中进行广泛、深入的调研，做好读者需求的调查研究，征询读者意见，了解读者阅读倾向，特别是学校相关学科带头人、学术骨干的意见，充分考虑学校学科发展的实际，这样才有利于提高文献资源的利用率。同时，采购人员要熟悉各出版社的性质及出版内容，及时关注最新出版动向，定期跟踪重点出版社的信息，以增强购书的针对性。

2. 图书分编工作的质量管理

目前各高校图书馆已基本建立了网络信息化图书管理系统，图书分类、编目也实现了现代信息化编目。图书馆采用信息化管理后，高质量的分类、编目可以给图书馆工作人员和读者带来很大方便，图书高质量的分类、编目可以极大地提高图书馆工作人员的上架、排序的效率，读者可在书目数据库中用索书号、书名作者、出版社等进行快速检索查询。

3. 书库与文献中心的质量管理

书库与文献中心是直接面向读者服务的，在高校教学和科研中发挥了重要作用。文献服务质量管理是图书馆质量管理的核心，它对服务质量的管理主要体现在以下几方面：一是核心服务，指提供借阅、检索、咨询等文献信息服务，主要以文献信息为媒介满足用户对知识和信息的需求；二是形式服务，指态度、效率等方面为读者提供的服务；三是附加服务，是指为用户提供阅读、休息、饮食、住宿等其他便利条件。形式服务和附加服务应围绕核心服务来开展。计算机技术在图书馆得到广泛的应用，遵循"读者至上，服务第一"的原则，大大提高了文献信息的利用率，充分发挥了文献信息资源的作用，为读者利用图书馆文献提供了极大的方便。

4. 电子阅览中心的质量管理

电子阅览中心通过先进的信息化网络技术，提供全新的服务内容及服务模式。网上数据库文献资源具有信息量大、查阅方便、快速高效等特点，并解决了地域的限制，可对校园网外的读者提供各类服务。电子阅览室人员在充分调研和沟通后，不断完善相关检索系统，优化检索策略，运用最有效和适当的检索方法，为读者提供最准确、最完善的信息。随着信息化网络技术的不断发展，电子阅览室的自动化系统逐渐渗透到全馆的各个角落，对高校图书馆的发展起到巨大的推动作用。

三、图书馆质量管理的措施

1. 规范工作程序

用标准、统一、可行的制度来规范岗位工作是质量管理的重要方法，规章制度的制定可以明确各岗位的具体工作目标、工作职责、工作流程、工作内容等，列出特殊注意的问题。

2. 明确馆员的职责

质量管理要求图书馆在服务质量方面向读者承诺，以最好的服务质量满足读者的需求。在质量管理中要求实行责任制，针对所有岗位制定相应的岗位职责、工作流程等，并且要求合理、细致、具体、可行，要综合考虑本馆的具体实际、岗位服务对象等因素。

3. 做好读者服务

传统的观念把高校图书馆看作贮存收集文献的仓库，片面地追求馆藏的数量而忽略馆藏质量，重藏轻用。而国外比较先进的高校图书馆85%以上的藏书向读者开放，各类图书基本实现了开架借阅。高校图书馆读者主要是高校师生，高质量的读者服务要求馆员具有强烈的事业心、高度的责任感、平易近人的作风、和蔼可亲的服务态度和熟练的业务技能。

4. 提高员工素质

当前图书馆的管理人员应具备以下三个基本条件：一是计算机基本操作技能和网络技术的应用水平；二是图书馆相关业务知识；三是一定的外语水平。但是目前各高校图书馆管理人员在结构上与此具有较大的差距，为了缩小差距可以通过转变观念、提高馆员的学习意识和自觉性、引进和培养相关技术人才、加强图书馆职业道德教育、提高员工的政治思想素质来实现。

5. 实行量化考核

在现代质量管理体系中考核是非常重要的一个方面，在图书馆质量管理中可引入量化指标考核评估，用适当的方式对所有工作人员的工作进行客观评价，实现科学管理。高校图书馆运用量化指标，可根据实际情况进行制定，确保各个工作环节有据可查、落实到位，避免管理工作中的主观盲目性。

第五章 高校图书馆服务创新

　　创新无所不在，大到国家的科技创新、管理创新和体制创新，小到个人的工艺创新、产品创新和工作创新。创新体现了个人和国家的创造力。关于创新服务的定义，呈现"百家争鸣、百花齐放"的局面，并没有一致的定论。但从总体上看，大多数观点认为创新服务是指那些为适应现代社会的要求，推陈出新，在市场立于不败之地的服务。

　　对于图书馆创新服务，由于研究还处于初级阶段，同样目前还没有一个公认的定义。有的学者认为，图书馆创新服务主要是指在图书馆服务过程中，应用新技术和新思想来改善和变革现有服务流程和服务产品，提高服务质量和服务效率，扩大服务范围，更新服务内容，增加新的服务项目，为用户创造新的价值，最终形成图书馆的竞争优势；有的学者认为，以上定义只是图书馆创新服务的表面含义，而其更深层次的含义还应包括其服务方向、服务内容、服务方法、服务模式的创新等方面的内容。

　　基于以上观点，创新服务是为了满足用户的需求，重新确定服务目标，选定服务对象，扩大服务内容和改善服务方式的新颖、特别的服务。图书馆创新服务体现在整个工作流程中，体现于图书馆馆员工作中的点点滴滴，它应该包括两个方面：一是技术上的创新，二是思想上的创新。

第一节　高校图书馆的服务活动

当前，由于图书馆面临的社会环境、高等教育育人环境已发生了巨大变化，高校图书馆以前服务重点为支持教学科研，随着校方战略发展目标、人才培养目标的新要求，图书馆必须在人才培养、服务学校潮流中体现更多价值。高校图书馆更加重视用户需求，而且服务重点向文化服务倾斜。

传承文化是图书馆的使命，文化教育则为图书馆的基础职能。过去高校图书馆往往将服务的重心放在对教研活动的支持，在文化服务方面较为忽略。当前，由于图书馆所面临的社会环境、高等教育环境已发生了巨大变化，图书馆必须根据校方的战略发展目标及社会要求为学校的人才培养做出更大贡献，必须向其母体机构——大学解释其价值所在及投资回报率问题，也必须在服务社会的潮流中体现更多价值。这样，图书馆才能更有机地融入到学校的整体战略发展过程之中，有效地证明自身的生存价值与发展优势。在此形势之下，能够增强学生学习体验、活跃校园文化氛围、提升学生综合人文素养的文化服务活动开始进入各高校图书馆关注的视野。比如，南京大学图书馆联合南京大学报编辑部、南京大学出版社等多家单位自2006年起举办了包括名家讲座、特色书展、征文等活动在内的六届读书节活动。同济大学图书馆以"立体阅读"为主题，举办同济人著作展、粉墨中国、缤纷华夏等文化展示活动。教育部高等学校图书情报工作指导委员会服务创新工作组2010年12月举办的"第三届图书馆管理与服务创新论坛"则以"文化支撑服务"为主题，与会的300位国内外图书馆界学者就高校图书馆在校园文化资产保存、图书馆自身文化建设和推动校园文化发展等方面展开深入交流。

以下以两个高校图书馆的实施案例，介绍学院图书馆文化服务的目标、思路、实施过程、学生反馈，总结图书馆文化服务主要经验和策略，分析文化服务对学院人才培养的影响，为图书馆文化服务的发展提供借鉴。

案例一：以成都职业技术学院为例

1.图书馆的文化服务目标与思路

学院"十三五"发展战略目标明确提出，"发掘和传播地方特色文化，推动地方文化传承与创新"，图书馆结合学校战略发展目标，对文化服务与教学科研支持活动并重，在图书馆文化环境布局中引入地方特色文化元素，联合校园相关机构与学生社团，以文化环境设计、成职讲坛、橙汁朗读者、世界读书日为主，设计实施多元文化服务活动，传承地方文化，开展校园文化建设，发挥图书馆作为校园文化支撑的平台作用，用以提升学生整体人文素养，从而增强学生就业综合能力。

2.图书馆文化服务实施流程

按照管理学模式，各项目的运行以决策——计划——控制三个步骤进行。决策是计划的前提，计划是决策的逻辑延续。计划通过将组织在一定时间内的活动任务分解给组织的每个部门、环节和个人，从而不仅为这些部门、环节和个人在该时期的工作提供了具体的依据，而且为决策目标的实现提供了保证。而对各项目控制的过程包括：确立标准，衡量工作成效，纠正偏差。通过以上运行模式，达到良好的管理效果，支持各项目可持续性发展。

因此，图书馆各文化服务项目实施以下管理模式：各部门头脑风暴——提出建议——馆务会决策——各部门策划及实施控制。各部门头脑风暴，提出文化服务项目及相关方案，馆务会决定将要实施的文化服务项目，相关部门人员拟定项目实施方案，根据工作方案，各部门分别执行和实施。项目结束，将活动资料留存，收集各方面反馈意见，进行分析评估、总结，加以改进，实时纠偏，有利于对以后项目活动的指导和开展。执行项目活动的经费，通过专项资金、图情活动经费、企业赞助等途径解决。

3.文化服务建设内容

除了图书馆文化环境构建，文化服务活动的开展则是最重要的工作内容。

图书馆文化活动每年以"书香成职"为主题，策划系列活动。活动主要以"成职讲坛"、世界读书日为主，辅以橙汁朗读者、经典诵读比赛等活动，目标为阅读推广及校园文化弘扬，进一步提升学生综合素质，从而提高就业能力。

"成职讲坛"从2013年开始举办，邀请了各界名师、社会名人前来为学生讲课，学生们吸收了不少新思想，和各界名师展开思维互动，智慧碰撞，开阔了视野，为学生走向社会工作岗位奠定了基础。其中，在地方文化交流方面，"百家讲坛"学者梅铮铮老师到校与学生分享《成都三国文化遗迹背后的故事》，四川大学博士生导师霍巍老师为师生讲述《三星堆考古发掘与巴蜀文化》。学术研究方面，易中天老师为师生们带来《儒家仁学结构与人类共同价值》，西南财经大学朱敏教授讲述《创新理论与我国当前经济改革要点》《中国经济形势与就业前景》，电子科技大学陈宏教授带来《IPHONE模式》《互联网+是机遇还是挑战》等讲座。讲座针对学生人生生涯规划方面，请来了四川大学余平教授和同济大学李占才教授，为师生们分别演讲了《哲学与人生——一个未经审视的人生是不值得过的》《扣好人生第一粒扣子》等讲座。"成职讲坛"自举办以来，赢得师生广泛赞誉，获得良好的社会效应。

图书馆近年举办了"橙汁朗读者"活动，带领学生回味传统文化，品读经典文章。以人生选择、我们的端午、今又重阳、故乡的秋、勇气等为主题，传播了对祖国传统文化的热爱，沉淀了浓厚的人文气息。并推出"春语书香"馆藏书视频推荐活动，以校园风景为背景，征集读者推荐1本馆内图书为录制内容的短视频，单个视频长度控制在3分钟内，图书馆组织评选并上传至学习通APP。

在比赛类活动方面，推出了"世界读书日"班级主题活动和经典诵读比赛等。"世界读书日"班级主题活动方面，组织开展"我最爱的书""最美读书瞬间"和"世界读书日为主题的电子小报"评选活动。每个主题每个教学班级各推荐1个作品参加评选，各分院于规定日期内完成班级主题活动，活动内容形成简报，同时每个班级提供一张像素容量不小于3M的活动照片报图书馆进行评选。经典诵读比赛方面，学院各分院以"诵读中华经典，营建书香成职"为主题，以四书五经、唐诗宋词及近现代经典名篇为题材进行朗诵比赛。要求选材主题鲜明、内容健康、流传范围广，弘扬中华民族优秀文化，体现社会主旋律。先由各分院自行组织初赛，决赛于4月23日举行，这项活动激发了学生学习经典文化的热情。为结合时代精神，传承优秀文化，图书馆在各功能阅读区展出了历届茅盾文学奖获奖作品、十九大系列宣传书籍、诺贝尔文学奖获奖作品，吸引大量学生驻足观看，流连忘返。

作为"书香成职"系列活动的总结，在图书馆布展了"书香成职"系列活动成果展，内容包括："我最爱的书"作品20幅，"最美读书瞬间"作品30幅，世界读书日电子小报作品20幅，"最美读者"展出老师10人、学生25位最美读者获得者个人照片、简介和事迹。"书香成职"系列活动，激发了同学们的阅读热情，在校园内营造了"多读书、读好书"的良好氛围，促进学院校风建设和学风建设，也让更多的人了解并走进图书馆，培养其对阅读的兴趣，提高了图书馆文献利用率。

2018年的文化活动取得了良好的效果，本院学生2018年获得由中国图书馆学会阅读推广委员会颁发的全国大学生中华经典美文诵读大赛二等奖，四川省高等学校图书情报工作委员会颁发的第一届四川高校大学生中华经典美文诵读大赛优秀奖和四川省高校"校园最美读书人"奖。

4. 案例经验总结

（1）主题清晰、规划系统、形式多样。从成都职业技术学院较成功的文化服务活动经验来看，图书馆文化服务应发挥图书馆的文化空间优势、文化职能优势，设定清晰的文化活动主题。从图书馆文化环境、文化活动推广、较前沿的文化服务举措等方面较系统地构架图书馆文化服务体系，活动形式多样，鲜明活泼，适应大学生们的心理和学习习惯，体现传统文化特色和新时代特点。

（2）文化服务活动具备各项目成熟的控制管理模式。按对各项目控制的过程，确立标准，衡量工作成效，纠正偏差。每学期结束，图书馆组织人员从多方获取第一手信息，获取对各项文化服务活动的意见反馈，及时改进，促进各项服务活动可持续性发展。例如，在对"成职讲坛"项目的控制管理过程中，首先确定了讲座预期标准，以衡量工作成效，图书馆组织人员通过对学院200名大二、大三学生对讲座调查问卷进行总结分析，发现55%学生听讲座是为了学习个人感兴趣的内容，25%学生是为了获得知识和经验，20%学生为了了解专业和规划。40%学生喜欢关于就业、创业实用类讲座，喜欢专业知识、视野开阔型、公司介绍职场讲座各占20%。学生们认为讲座对就业能力帮助具体体现在以培养职业道德为主，认清当前就业形势、建立个人职业规划为辅。认为讲座主要培养了社会交往和适应能力，政治、思想素养，社会责任感和敬业精神。大部分学生感到"成职讲坛"讲座有助于正确认识求职方向，提高职业拓展能力，了解社会现状。总体意见是讲座内容应该更广泛，体现理论与实践的结合，增强实用性，增加互动环节，帮助学生解决更多疑惑。根据意见，及时纠偏，图书馆因此邀请了专家讲解经济就业形势，讲述大学生人生规划，更多、更详尽地为学生讲解实践案例，赢得师生赞誉，"成职讲坛"成为学院校园文化服务的一个特色品牌。

（3）效果显著、可持续发展状态良好。图书馆多元文化服务的实施不仅提升了校园文化氛围，也为学院赢得了四川省、全国奖励，获得了良好的社会声誉。由馆务会决策——各部门策划及实施——多方反馈——及时改进——推进下一次服务活动，循序渐进，不断上升。图书馆文化服务开展模式越来越成熟，形式越来越广泛，各方参与度越来越高，获得良好的可持续发展效果，成为学院校园文化的品牌。

图书馆要获得成功的文化服务必须具有新颖的创意、系统的规划、有效的控制管理、良好的持续性发展。图书馆文化服务要有整体的规划，从物理空间的建设到良好的创意项目设立，系统地构建图书馆多元文化服务体系。其次，实时跟进各项文化服务活动过程，吸收多方反馈意见，及时纠偏，推动文化服务活动可持续性发展。最后，打造图书馆文化服务活动校园品牌，扩大图书馆文化服务活动辐射效应与影响面，使图书馆服务体系成为一个新颖、智慧、可控制、可持续的有机发展体。

案例二：以上海交通大学为例

1.文化服务框架

2008年，上海交通大学图书馆借新馆开馆之际正式推出了以纵向深入、横向拓展为特征的创新型IC2服务体系。规划过程中，该馆在全面考虑学术图书馆的优势与功能、学校战略发展目标及图书馆服务的国际发展趋势的基础上，将文化服务与教研支持活动并重，对图书馆的文化服务进行了全新的部署，在图书馆文化环境布局、多元文化服务活动实施、校园智力资产保存及管理、文化服务活动中创新型元素的引入等方面作了重点规划与设计，依托于图书馆在阅读、书目指导、文献学、信息管理等方面的专业优势及作为校园文化地标的平台效应，以"点亮阅读、启迪人文、弘扬文化"为宗旨，依据人文推广、启迪、提升、积淀、弘扬、创新的生命周期，以文化环境设计、主题展览、文化讲座、竞赛、沙龙、名师库建设、真人图书馆为主体形式，联合校园相关机构与学生社团，实施类型多样、形式丰富的文化服务活动，以活跃校园文化氛围、提升学生的整体人文素养，实现校园与社会的联动。

2.管理模式与实施流程

图书馆文化服务的实施采取三级管理模式：馆务会决策——相关部室主任分项管理——各工作小组策划及实施。听取各部所提出的文化服务项目建议后，馆务会决定作为重点实施的文化服务项目；其后，相关部室主任作为项目管理者召集工作人员组建项目小组，策划具体的行动方案；根据工作方案，各小组开始按计划实施。图书馆作为重点推行的"阅读，让校园更美丽"、交大文库、"鲜悦"livingli—brary、图书馆文化环境建设，分别由文学部、采编部、行政办公室负责；需要其他部门支持时，各部室可采取横向合作的方式，以保证项目顺利推进。执行文化服务项目所产生的费用，如宣传推广费用，通过专项基金、图书馆活动经费、企业赞助三种途径解决。各文化项目的基本实施流程为：

（1）提出思路、创意或方案草案；

（2）寻求各方合作力量，并组建工作组；

（3）项目工作组头脑风暴会议；

（4）形成完善的方案；

（5）宣传与实施方案；

（6）效果总结与评估。

3.各种活动安排

"阅读，让校园更美丽"是图书馆系列多元文化服务活动的总标题。自2009年开始，该校每年以一个主题贯穿整个活动，活动形式包括展览、书评竞赛、沙龙和讲座，终极目标皆为阅读推广及文化弘扬。该校年度主题分别为2009年的"阅读，让校园更美丽"，2010年的"璀璨世博，辉煌交大"，2011年的"百年辛亥"，2012年的"经典悦读"。该项目实行六步走流程，包括：提出创意主题、寻找合作伙伴、完善创意方案、启动宣传、执行计划、效果评估与总结。在确定创意主题阶段，图书馆工作组会先举行一次头脑风暴会议，小组成员提出各自的想法，由统筹人员汇总凝练，制定活动框架草案。进而，工作组会联络校园相关组织，如校团委、学生社团、学生会等，展开合作，根据这些机构的意见进一步充实完善创意策划方案。方案确定后即着手活动筹备、开幕式与多方位宣传。开幕式往往于每年上海交通大学校庆及"4•23"世界读书日来临之际举行，邀请学校相关主管领导及名师就读书问题做推广性、启发性的讲话，为整体文化活动的推出拉开序幕，鼓励师生广泛参与。随后，系列主题活动有序展开，并不断增加进新的创意元素。最后，工作小组会根据活动举办频次、参与人数、师生反馈、校方评价、媒体报道等对整体活动进行效果评估，总结经验和教训，为新一轮文化服务活动的举办提供参考与借鉴。

2009年度的"阅读，让校园更美丽"活动以书展、书评、沙龙、讲座、影展为主体，举办了盛大的包括展、读、评、说在内的，以推动校园阅读、活跃校园文化氛围为主旨的阅读活动。书展作品荟萃了改革开放30年中最具影响力的300本书、历届茅盾文学奖获奖作品、中国出版科学研究所第五届国民阅读调查得出的最受读者欢迎的作者的代表作品、交大人著作、交大出版社代表作五大主题作品，展出了制作精美的主题展板、由作品改编的电影经典图片展板。为方便读者阅读，书展现场摆放了舒适的休闲沙发。该展览活动吸引大批学生驻足观看，学生们在大师的作品世界中流连往返、沉浸其中。与书展同步展出的电影展也反响热烈。围绕书展，图书馆同时推出全校性的书评竞赛活动，开发了书评竞赛网站，制定了富于激励性的奖励政策。最后，共收到来自23个院系的近200名师生（包括本科生、研究生、博士生及部分教职工）提交的书评。在"4·23"世界读书日晚上举行阅读暨优秀书评颁奖沙龙，共有200余人参加。沙龙由馆长讲阅读、主管校园文化建设的校团委领导致辞、颁奖典礼、文化名师阅读主题报告、师生互动、电影经典镜头有奖竞猜、获奖代表感言、校园文化社团宣讲与展示、互动沙龙9个环节构成。在沙龙现场，图书馆还派发了旨在激励阅读的特制精美书签。后续展览活动包括"媒飞设舞"学生创意作品展（作品出自媒体与设计学院艺术设计系与工业设计系大二、大三的学生之手，包括平面构成、立体构成等40余件富有创意的设计作品）、"青春影像——用影像记录下来的青春与梦想"展，即电影电视系学生影视作品展示沙龙。

在讲座方面，图书馆创建了"思源讲坛"，聘请名师名家为学生带来文化艺术方面的讲座，一方面展示交大名师风采，另一方面吸收校外的新思想、新文化，形成智慧碰撞。2009年度登上讲座的既有江晓原、詹仁佐、李亦中等在文化艺术方面造诣深厚的交大名师，也有雪漠等颇具特色的校外名家，带来了"黑客帝国：让幻想警告现实""水墨丹青——中国画欣赏""电影国门话沧桑""挖掘智慧的宝藏——西部文化对当代人的灵魂滋养"等既能引起学生兴趣又能提升其文化艺术修养的讲座。该年度，设计精密、环环相扣的文化活动取得了良好效果，师生反响热烈，为计划的后续发展奠定了基础。

2010年，世博会在上海举行。图书馆以"璀璨世博，辉煌交大"为题举办了包括：读世博——主题书展、图片展；听世博——"城市让生活更美好"系列讲座（如刘士林教授带来的"世博会与都市文化"）；观世博——世博模型展、上海百年经典老建筑摄影展、"影像，城市让生活更美好"；祝世博——"世博祝福墙"万人世博祝福公益活动、记录我们眼中的城市：交大DV贺世博，共计四个版块的活动内容。由于与时代及城市发展主题相呼应，该文化活动不仅起到了很好的活跃校园文化氛围的作用，而且图书馆也因此被授予上海市优秀基层党组织的荣誉称号。同年，借蔡元培纪念馆馆长章大国先生来图书馆讲座"新世纪的大学精神——假如蔡元培留在交大"之机，图书馆与校团委、学生联合会等机构携手举行了"IC2人文拓展计划"基地揭牌仪式，进一步表明了图书馆持续开展文化服务活动的决心。

2011年以辛亥革命一百周年纪念为主体，图书馆与人文学院、学生联合会等机构合作，推出了包括辛亥革命一百周年纪念图片展、"影响交大人的书"图片及书展、"幸福生活、自助成长"心理图书展、法国主题书展、法国伽利玛（Gallimard）出版社展、中法森林主题活动周图片展、法国电影展等展览活动，举行了以"阅读，让校园更美丽"为主题的征文活动，并依托"思源&叔同讲坛"，邀请"百家讲坛"嘉宾、复旦大学图书馆馆长葛剑雄、上海孙中山纪念馆宣教部主任孙曼等作题目为"辛亥百年与中国的统一分裂""百年辛亥浦江传奇"的讲座。

2012年，图书馆进一步从活动形式及内容上拓展文化服务活动的规模与范围，联合校党委宣传部、教务处、校团委等机构，以"经典悦读"为年度主题，引入微博、移动阅读等新技术应用，策划、实施了包括"影响交大人的100本书"、"微言大义"——微博评书活动、阅读随行——移动阅读体验专区、"传承•悟道"——手工书签大赛、"以书会友，不亦乐乎"——二手图书跳蚤市场、"与智者对话"——专家讲座等活动，融汇了荐书、读书、修书、展书、评书、论书、创书、易书等环节，并举行了声势浩大的开幕式，邀请主管校长、教务处领导、交大名师等出席讲话，为活动开幕剪彩，高调营造文化活动氛围。其中，"影响交大人的100本书"具有较强的校园文化特色。该活动由"学人经笥"和"子衿书简"两个部分组成。"学人经笥"通过采访交大知名学者，采集其关于阅读和治学的观点、推荐对其治学和人生产生过重大影响的书籍，将其治学感言、影响书目制作成展板，配合图书展览，向全校师生展示，以弘扬交大学人文化，启迪后学；"子衿书简"由《益友》报发起，通过微博荐书专栏，征集在交大学生中广受欢迎、令学生受益良多、启迪智慧的书籍，以展示交大学子的读书风貌。"学人经笥"和"子衿书简"分别展示了对交大教师、学生影响较大的书籍，共同形成了"影响交大人的100本书"。这种活动在凝聚校园文化精神、提升阅读氛围方面可以起到非常理想的效果。讲座既有交大张兴福副教授带来的"我的国学缘"，也有台湾地区资深心理咨询师蔡雅琦博士带来的"你爱了没：大学生的情与爱"，为学生带来多元文化体验。

2008年4月，以美籍华裔图书馆学家曾蕾教授在"图书馆2.0中文论坛"上的报告"Thenewli—braryfad：borrowaperson"为起点，Livinglibrary开始步入中国图书馆界的视野。它是将人脑中的隐性知识及时显性化的一种有效方式。受2008年12月第五届"数字环境下图书馆前沿问题高级研讨班"中Livinglibrary成功应用的启发，上海交通大学图书馆于2009年3月起开始将之作为整合人脑智慧资源为图书馆资源一部分的有力途径，开展"以人为书、分享智慧"的系列livinglibrary活动。活动流程为：

（1）确定主题——选择大学生关心的或感兴趣的主题，包括出国留学、外语学习、思想道德与人生导航、校园生活、社交技巧、考研指导、考试与论文、艺术人文、面试就业、馆藏利用等。

（2）挑选书目——由校学生会挖掘推荐，挑选在学习、研究方面较为突出的学习"牛人"或具备独特才能的"达人"为人书；并编目人书，包括主题、书名、内容简介、所在学院和年级、索书号、上架日期、借阅时间等。

（3）宣传——通过海报、"鲜悦"livinglibrary网站、图书馆主页、校园BBS等渠道对外多方宣传当期人书的特点，吸引对该主题感兴趣的同学参加。

（4）交流式阅读——读者到图书馆学生管理委员会办理人书的借阅手续，即可到人书所在的小组研讨室中"阅读图书"；一次阅读时间不超过45分钟；若人书及借阅者都同意，一书可有多位读者，这样一对一的交流就成为群体交互的形式，更有利于思想及智慧的广泛传播；

（5）记录管理——阅读过程中，为每本书都配备一名记录秘书，对阅读交流过程进行文字记录；结束后对交流内容进行整理、汇总，提炼出交流中所产生的值得推广借鉴的经验与智慧；并在征得借阅双方同意的情况下将这些材料向全校读者开放，成为人人可阅读的手册。

为了更好地展示真人图书馆，上海交通大学图书馆创建了专门的"鲜悦"livinglibrary官方网站：http://living.lib.sjtu.edu.cn/，并应用了大量的2.0元素，如分享到人人网、展示标签云等。迄今为止，共举办了28期活动，起到了非常好的创新启迪的效果，被视为国内图书馆首家成功应用livinglibrary的典范。

另外，还进行了"名师库&交大文库"工作。建设机构知识库既是图书馆功能拓展的有力方式，也是保存及管理一校智力资产、形成特色校园知识库的重要途径。从呼应国际图书馆发展趋势、凝聚本校智力资产的角度出发，上海交通大学图书馆于2011年启动了"名师库&交大文库"的建设工作，征集交大名师的基本信息、学术成果、学术影响及评价、年谱、个人生活等资料。名师资料的收集方式主要有实物征集、网络收集、捐赠等形式；经图书馆整理好的名师资料在入库前会请名师审阅。经过一年建设，共收集了250位教授的相关资料，建设了10000余条数据。该工作还会持续不断地开展下去，以累积起较为系统全面的交大名师数据库。配合名师库的建设，该项目组根据收集的特色资料，经常举办名师作品展览活动。

4.成效分析

图书馆文化服务项目的成效可从以下四个维度来评估：

（1）关于文化项目设计与管理的评估。文化项目设计评估包括活动内容的设计是否体现出专业性、多元性、新颖性等特征。文化项目管理评估包括项目成本、目标、宣传及进程控制，也即预算是否合适、目标是否清晰、宣传是否覆盖到目标群体、进程是否把握适当等。上海交通大学图书馆的所有文化服务项目都有清晰的目标设定，内容规划既体现了图书馆的优势与特色，在主题及形式方面也具有很强的时代特点及先进性，宣传方面做到了前期宣传、进展中事件及反响报道、活动结束时的总体总结宣传的及时和多渠道报道，项目实施时注意规划性、规范性及时间节点的把握。

（2）基于合作机构角度的评估。图书馆整体文化服务项目的实施需要联合多个具有相同兴趣点的机构的力量。合作机构的范围、数量、参与度、协作度、反馈等因素，亦能反映文化服务项目的被认同度及影响力。上述交大图书馆的四个重点文化服务项目皆联合了不同机构的力量。例如，图书馆文化环境设计得到学校媒体与设计学院教师的支持，"阅读，让校园更美丽"活动的联合单位覆盖了校园相关办公机构、学生社团、院系，"鲜悦"livinglibrary则涉及学生社团与师生个体，且各合作机构依据自身优势与特点，在项目进展过程中与图书馆携手通力合作，力求优化活动效果，体现了项目的文化辐射效应与被认可度。

（3）用户反馈。图书馆文化服务项目的用户包括图书馆的母体机构——大学及直接服务对象——师生。师生对于活动的参与度、活动现场效果、师生评价，校方对于活动的评价，均是文化服务项目成效的表征。自2009年文化服务项目成为图书馆重要工作内容起，图书馆举办了类型多元、形式多样、内容丰富多彩的文化活动，讲座、沙龙等活动吸引了数千名学生参加，开放式的展览活动吸引大量学生驻足浏览，师生参与数量、现场效果都达到了活动的预期规模及影响度。师生对活动的反响良好，认为图书馆举办文化服务活动很有意义，提升了学生的校园文化活动体验与文化素养，校方亦非常认可图书馆的文化服务活动表现，图书馆及内部文化景观已成为学校接待的必到之地；校园媒体，如交大校报、新闻网、南洋通讯社等对于图书馆的文化活动皆以专版或专条报道；校领导亲身参与图书馆相关文化活动的开幕式。

（4）校外反响。校外反响包括校外媒体反应、业界评述、社会荣誉等。

交大的文化服务活动除得到校园媒体的广泛报道外，亦被中国图书馆学会高等学校图书馆分会、上海市总工会、中国教育和科研计算机网、中国高校报网等网站报道。由于交大图书馆在国内较早创新性地将文化服务项目纳入整体服务体系、视文化服务项目为图书馆服务体系的重要及有机组成部分，且整体文化服务项目的实施体现出较强的系统性、常规性、可持续性特点，故其阐述相关文化服务项目的论文也被相关专业学术期刊发表。同时，基于文化服务活动的举办，图书馆除获得学校党组织的多次奖励外，还被评为上海市优秀基层党组织。

5.总结与展望

从实施情况来看，交大图书馆连续四年的文化服务项目体现出系统性、多元性、新颖性、协作性、交互性、可持续性等七大特点。

（1）主旨清晰、优势突出。文化服务项目均依托于图书馆的文化职能、空间优势与专业优势（如阅读指导、信息资源保存与管理）而设计，并设定了清晰的主旨思路及目标，易于项目的实施与推进。

（2）内容规划系统而多元。从图书馆文化环境构建、文化活动开展、文化项目实施、新型文化服务举措应用等方面来系统有机地架构多元文化服务体系，既发挥了图书馆的核心优势，拓展了图书馆的功能，又符合图书馆服务发展的前沿趋势，体现了鲜明的时代特点。

（3）形式多样、新颖前沿。文化服务项目实施过程中，综合运用了展览、竞赛、讲座等形式，引入了livinglibrary、微博、移动阅读等新途径，适应新一代图书馆用户的学习与活动习惯，提升了他们使用图书馆的体验。

（4）合作广泛。在文化服务项目规划及实施过程中，与相关机构及社团通力合作，并将文化服务活动与学生的素质教育评估挂钩，增强了整体活动的覆盖范围及成效。

（5）宣传到位。为增强文化服务活动的影响力，图书馆在实施过程中实行了多方位、多渠道的宣传策略，包括利用Lib Guides建立专门的文化服务活动展示平台及专门的livinglibrary网站，利用图书馆网站、校园媒介、社会媒介进行宣传推广，并在专业刊物上发表学术论文，进行报道及交流。

（6）成效显著。图书馆多元文化服务项目的实施，不仅提升了校园文化氛围、增强了学生的文化修养、凝聚了校园智力文化资产、提升了图书馆的校园形象，而且为图书馆赢得了多种学校奖励及社会荣誉。

（7）发展过程呈现出循序渐进、可持续及渐入佳境的状态。图书馆文化服务项目的运作模式越来越成熟，合作对象越来越广泛，读者参与度越来越高，成效越来越显著，图书馆的校园形象不断提升。

综合而言，成功的图书馆文化服务项目实施的关键要点包括：创意突出、规划完善、内容多元、形式新颖、多方联合、宣传全面、品牌塑造、有效实施与及时总结。而未来高校图书馆文化服务活动的发展，则需要从四个方面来加强：首先，是提升馆员的文化学术实力，使未来的图书馆在文化服务项目中的作用超越文化载体及文化平台，成为可实施文化教育的主体，如馆员做客文化讲坛，为读者们带来关于阅读的讲座；或是为校园开设阅读文化方面的课程。其次，图书馆应从整体上规划及实施文化服务项目的虚拟空间建设，创建能够引导阅读、激发参与、启发创新的虚拟文化社区。再次，打造图书馆文化服务的校园品牌甚至是社会品牌，增强文化活动的整体辐射效应与影响面。最后，增强文化服务活动与学术支持活动的渗透联动效应，使图书馆服务体系成为灵活、丰富、智慧的有机发展体。

第二节 高校图书馆服务创新的必要性

高校图书馆是学校文献的聚集地，图书馆能够为教师和学生提供首要的参考资料，作为师生掌握外界学术研究的重要手段，图书馆将社会信息化带入高校，是师生不断创新的基地和保障。随着科技的发展，师生获取信息的渠道发生了很大的变化，要求也相应地不断提高，传统的高校图书馆的管理模式过于陈旧，不能够为师生提供更好的服务，在服务过程中进行创新，是现阶段高校图书馆管理质量不断提升的不二选择。

一、高校图书馆服务现状

1.信息资源经费投入不足

高校图书馆良好、高质量的服务保障，是拥有好的信息资源。虽然部分图书馆在电子信息资源采集利用方面不断加大投入，但目前的信息服务仍需进一步深入发展。主要表现为：一是文献购置经费不足。高校逐年扩招和学校的建设经费投入难成正比，受购书经费、馆舍等条件的限制，几乎没有一所高校的文献能完全满足读者的需求；二是现代化的设施引进缓慢，影响图书馆集成管理系统网络的建设，同时影响了信息服务自动化、网络化进程。

2.信息资源深层开发不足

高校图书馆大部分都开展了馆藏文献信息加工、开发，提供二次文献等服务，都为专题剪报信息服务、信息咨询提供资料复印、代查、代译等，但从整体服务水平看仍然是浅层次的。

3.馆内服务与管理不到位

现阶段，高校图书馆的服务还处在起步发展阶段，无论从专业知识还是专业技能方面看，馆内工作人员仍存在较多问题，其平均素质也相对较低，更谈不上满足新时期信息服务需要、适应其需求。再者，部分馆员服务意识较弱，尤其是职业院校，其图书馆工作人员往往缺少竞争意识和职业危机感，因为图书馆更多情况下被作为安排临近退休人员、科学文化素养不高的人员、无法胜任行政或教学工作等人员的部门。馆内工作人员整体年龄偏大，业务能力不强。图书信息检索等相关专业人员少，甚至造成青黄不接，更被其他职工戏称为"老弱病残收容所"，如此一来，也就无从谈起人性化的贴心服务了。

4.信息资源共享机制缺乏

目前，同城范围内，各大高校图书馆之间仍未实现有效的、科学的馆际合作，作为最基本的服务类型，文献传递仍是校校之间资源信息共享的主要形式。同城高校应当共同形成一个统一的文献传递服务系统，然而绝大多数高校的图书馆至今仍未做到。在图书馆人力资源方面的合作仍欠缺。当下，信息时代，相关技术发展速度迅猛，高校图书馆在维持纸质文献资源原有建设的同时，要更加重视数字信息资源建设。同时，更要重视服务方式自动化的建设。服务方式的自动化程度，代表了图书馆的服务水平，是图书馆能否令读者满意的重要评判标准。

二、高校图书馆服务创新的趋势研究

在当今计算机与网络迅速发展的新时期，人们的信息行为与信息需求发生了很大的变化并时刻在改变，以服务为永恒主题的图书馆在服务环境、服务手段、服务需求等方面皆面临着严峻的挑战。为了跟上时代的步伐，满足图书馆用户的需求，图书馆需要在服务理念、服务手段、服务模式等方面进行创新，以跟上时代的步伐，更好地为用户即读者服务。在分析高校图书馆服务创新的需求和意义基础上，通过回顾我国高校图书馆进行服务创新的实践和研究，技术创新、理念创新、向社会开放、联盟共享应该是未来发展的趋势。

1.高校图书馆服务创新的需求

从图书馆事业的历史发展来看，图书馆主要经历了古代私人藏书楼和官方藏书楼时期、近代传统图书馆时期和目前我们正为之努力的现代图书馆时期三个发展时期。图书馆的职能与服务也经历了从古代藏书楼的极少数人利用资源发展到传统图书馆时期纸质印刷图书资料的检索、借阅和送书上门等服务以及现代图书馆的利用现代信息技术缩小用户与信息之间的时空距离之创新过程，图书馆的发展之路可以说是一条创新之路。因此，顺应图书馆事业的发展，高校图书馆就必须在图书馆的管理制度、服务理念、服务手段等方面进行创新，以适应在校师生乃至社会公众的学习科研需求。

从目前整个中国图书馆界的当代发展看，近年来随着国家对文化建设的重视和投入加大，加之计算机与网络技术的发展与应用，全国各系统的图书馆都得到了长足的发展。创新服务、延伸服务成为图书馆提高服务质量、充分体现其价值的发展之路。例如，在公共图书馆界开展总分馆服务模式、24小时图书馆、流动图书馆等；在专业图书馆、科学院系统图书馆开展学科馆员管理制度、学科化服务等。可以说，新时期，我国图书馆界为了促进图书馆的发展，都在各自的服务领域开拓创新，思考发展之路，作为我国图书馆中坚力量的高校图书馆必须寻求适合自己发展的创新之路，以跟上全国图书馆界的发展趋势。

从高校图书馆所处的特殊环境——校园来看，高校是社会知识传播的核心，人才密集，拥有学科综合、资料丰富、信息充分的优势，在教育方面也注重人才的创新培养，20世纪末我国高校合并、扩招、强校调整以来，图书馆在培养学生信息素养能力、多空间与时间满足读者服务需求、缩短高校毕业生与社会的差距等方面担当了更多的义不容辞的责任和重担，促使高校图书馆立足这些特殊的背景和环境进行服务创新，以完成新时期社会发展赋予自己的特殊使命和责任。

2.高校图书馆服务创新的影响与意义

当今信息时代新鲜事物迅猛发展，任何落后的不能满足社会进步需求、不图创新的服务都面临着被淘汰的窘境。这一时期，我国高校图书馆所面临的环境发生了极大的变化，任何落后的经营观念、服务做法都会对高校图书馆的发展乃至社会教育起阻碍作用，只有不断创新理念，利用新技术，切实提高工作质量和服务水平，最大限度地满足读者的需要，为学校的教学和科研提供切实有效的文献信息保障等服务，提高学生的知识才能和信息检索等能力，真正发挥其职能，最大限度体现其存在的价值，高校图书馆的发展才能紧跟时代与社会的发展步伐并获得长足的发展。

3.高校图书馆服务创新的实践与研究

中华人民共和国成立以来，我国图书馆的发展进入了一个崭新的现代图书馆时期，这个时期图书馆的馆藏更加丰富，经营理念更加先进，读者的服务要求更加专业化和学科化，高校图书馆还承担了教育与实践能力培养的重任，这一时期我国高校图书馆的服务创新实践主要有理念创新、内容创新、技术创新、方式创新等。

（1）理念创新。高校图书馆是高校重要的教育服务结构，其服务理念驱动着其为用户服务的行为和质量，我国高校图书馆因此非常重视理念建设和创新，如"读者永远是正确的""以人为本""用户至上""第二课堂"等就是高校图书馆创新或应用的用户服务理念。

（2）内容创新。高校图书馆服务内容创新是其服务创新的主体，是信息资源服务的基础。目前我国高校图书馆的主要内容创新有重视开发网络信息资源、强化特色信息服务、开展个性化服务、举办培训和讲座、自建数据库等形式，内容的丰富创新，极大地满足了读者的信息需求，体现了图书馆的存在价值。

（3）技术创新。技术要素在图书馆的服务中发挥着核心作用。目前，高校图书馆服务的信息描述、标引、分类、存储、检索，以及信息分析、信息传播和提供等都是对现代信息技术的应用与实践。技术使图书馆管理和服务的时间、空间、方式等有了无限扩大、完善的可能，使读者利用图书馆的方式发生了就近、快速、个性、互动、一站式、无障碍、无缝链接等诸多变化。

（4）方式创新。网络技术和数字技术的发展，使传统图书馆的服务方式发生了很大变化。读者越来越倾向于利用网络的便利条件来获取所需的信息，高校图书馆服务方式创新主要有：建立手机图书馆、进行学科化个性化服务、进行网络咨询与参考服务等。

我国高校图书馆除了实践中的服务创新，也注重服务创新学术研究。有学者以所在高校图书馆实际开展的创新服务活动为案例进行实证研究。例如，刘敏榕、翟金金以福州大学图书馆按照所在学校的学科领域建立开放资源信息库和开放资源导航库为案例，对利用开放存取资源为本地企业提供信息服务等创新信息服务进行了实践探索；李丽等则从所在的上海交通大学图书馆在学科咨询服务改革中首创的IC2学科服务模式出发，探索了高校图书馆学科咨询服务发展之路。当然也有学者对高校图书馆进行服务创新的原则、理念等进行了理论研究。例如，郭金萍从理念创新、内容创新及方式创新三个方面对高校图书馆信息服务创新途径进行了探讨；汪善建分析了现代高校图书馆信息服务所面临的挑战，提出了网络信息文献服务、建立网络资源导航库、个性化信息服务、数字参考咨询服务、远程读者教育等信息服务创新模式。可以说，这些研究的开展，对高校图书馆服务创新的经验推广、实践总结及理论指导都起到了很大的积极作用。

4.高校图书馆服务创新的发展趋势

纵观我国高校图书馆的服务创新实践与研究，发现高校图书馆能根据自己面临的形势和工作实际，创造性地开展服务工作，发挥了图书馆的职能特性，在服务观念、服务模式、资源建设、人才队伍建设等方面的创新对高校图书馆未来的发展具有很大的引导意义。如何在未来更好地创新出更多更优异的服务之路，则是我们高校图书馆工作者的思考所在。笔者以为，在未来高校图书馆的创新发展主要有以下趋势：

（1）向社会服务。高校图书馆的基本功能是为所在学校师生提供服务，但随着知识经济和终身学习型社会的到来，高校图书馆应该逐渐拓展服务职能和服务范围。目前，尽管有部分高校实现了为社会服务，但距真正向社会服务还有一定的距离，尽管这种向社会服务仅仅只是自修等有限制的对外开放等服务，绝大部分高校并未实现基本的对外借阅服务，更没实现在一个局域内与其他高校图书馆、公共图书馆等图书馆实现通借通还的共享模式。高校图书馆在未来的创新服务发展中，向社会服务，如学科专业服务、通借通还等将是其发展趋势之一，因为只有这样，高校图书馆才能实现其馆间的资源优化配置与共建共享，充分发挥高校资源优势，以更好地为社会服务。

（2）技术是最好的工具。技术改变着世界，也改变着人们的生活和工作、学习方式，人们也越来越习惯用现代先进的技术来获取信息，因此，以先进技术为工具进行服务成为现代图书馆发展的必然选择。其实，图书馆是最喜欢也是最能将先进技术应用于业务的服务机构，如图书馆对Web2.0、4G等技术的使用，形成了目前普遍利用技术进行服务的局面，目前在理论和实践方面发展迅速的主要有：知识网站设计技术、知识架构、内容可视化技术、知识发现与挖掘技术、知识本体等技术，手机图书馆、24小时图书馆等技术实践。但我们也认识到，尽管图书馆在利用技术方面取得了不小的成绩，得到了社会的广泛认可，但图书馆还缺乏足够广泛的技术应用，如目前国内真正实践利用手机图书馆进行信息推送、书目导读的高校图书馆数量并不多，针对这些先进技术的研究也大多只是以介绍和虚拟的模型构建为主，真正将理论指导实践、实践又检验理论的研究并不多，如对云计算的热捧，其实国内到目前还没有一家图书馆真正应用"云"来服务。

（3）理念是创新的先导。高校图书馆的服务创新是一个系统工程，而理念创新则是一切创新行为产生的基础和先导。在这个创新系统中，图书馆员是创新的主体，资源则是创新实施的物质基础，而指引服务进行的则是理念。图书馆学者非常重视图书馆服务理念的培养与创新。例如，从1876年图书馆学家杜威提出的图书馆读者服务"三适当"准则，到1931年印度图书馆学家阮冈纳赞提出的"图书馆五原则"，再到21世纪我国图书馆界达成的"图书馆核心价值观"与新的"图书馆服务五原则"等，无不折射出图书馆服务理念的创新，创新的理念也在一直指导着图书馆员的工作与创新服务。因此，在以后的发展中，高校图书馆应该重视人才建设，挖掘他们的创新精神、创新服务理念，为提供高水平的服务献计献策。

（4）联盟共享的发展模式。CALIS、部分省市图书馆行业内联盟，如吉林省高校图书馆、公共图书馆与情报部门跨行业联盟的发展模式让人们看到了图书馆进行联盟建设的巨大发展前景，因此，可以预见，在未来资源共享更加高度、管理更加规范统一、避免出现资源重复建设、资源更充分利用的共享之路将是高校图书馆的服务创新之一。

高校图书馆服务创新是一项系统工程，涉及内容广泛，需要依靠图书馆员、学校等诸多要素的共同作用来完成。高校图书馆服务创新发展趋势研究也不是一两篇论文可以穷尽的，且我们认为随着民众的信息需求更加个性化和专业化，社会的信息程度越高，人们对服务机构将有着更高要求，高校图书馆的创新发展趋势也将随着时代的变化而变得更加贴近读者的需求，但本文所研究的技术创新、理念创新、向社会开放及联盟共享必将是未来发展的趋势之一。

三、高校图书馆服务创新的必要性

按照高校对图书馆的定位，它属于服务部门，无论是借阅还是检索，其任务很清楚，就是为学校的教学、科研，乃至于师生的学习生活提供必要的精神文化服务等。即便做到了为师生提供了耐心、细致、周到的服务，但仍存在一些问题。图书馆馆员的整体业务水平和服务意识也有待进一步提高，图书馆服务项目和服务内容也有待进一步拓展。

随着现代科技进步和时代发展，信息技术普及，传统的图书馆服务已不能满足读者多元化信息需求。在此情况下，高校图书馆要多方位了解师生需求，创新服务模式，提高服务质量，在服务方式和服务内容的创新上不断探索。

1.服务创新是高校图书馆自身发展规律的需要

当前，高校图书馆借阅多以纸质图书为主，很多资料已跟不上时代发展，且传统的借阅服务有很多的局限性。同时高校图书馆传统封闭式的管理模式也造成了图书馆员的知识结构不合理，导致图书馆的功能没有充分发挥出来。由于馆藏不足、供给受限制，不能立足于读者需求，有效拓展服务内容，如进行文献信息二次、三次深层加工，提高读者获取信息能力的教育培训等服务。随着信息化时代的到来，高校图书馆的职能发生了很大的变化，从传统的以藏为主、以书为本的被动服务转变为以用为主、以人为本的主动服务。因此，高校图书馆创新应着重改变传统呆板的服务理念，丰富服务内容，扩大服务领域，创新服务方式。只有这样才能满足读者需求，促进图书馆服务能力的有效提升。

2.服务创新是满足师生教学科研的需要

随着高等教育改革的深入，图书馆只有提供个性化、专业化的信息服务才能满足师生需求。对高校图书馆来说，读者是受到高等教育的师生，面对的是人才高度密集的环境。高校图书馆必须针对不同层次、专业的师生提供各个方面的文献资料与资讯，及时地改进服务模式，了解各学科的科研动态，主动地、深层次地为师生服务。

第三节 高校图书馆服务创新的形式

随着计算机和网络通信技术的迅猛发展和普遍应用，高校图书馆读者服务工作在服务范围、服务模式、服务手段及读者信息需求等方面发生巨大的变化，要求图书馆的读者服务工作转变服务观念，采取一些行之有效的新方法和措施，为读者提供全新的服务模式。高校图书馆作为文献信息中心，为读者提供满意的服务，是图书馆可持续发展的关键所在，也是高校图书馆进行服务创新的一个重要课题。如何通过服务创新更好地为读者提供服务，应是高校图书馆要重点思考的问题。

一、高校图书馆服务创新的内容

1. 服务理念的创新

服务是图书馆的立馆之本和生存之基，图书馆工作的价值最终都要通过服务来体现，这就要求图书馆突破传统服务观念的樊篱，开拓新的服务思路，树立新的服务理念，变"以书为本"为"以读者为本"。高校图书馆主要面对的是处于教学前沿的老师和即将走向社会的学生，图书馆的服务也要针对这两个群体进行。深入分析校内各专业学科教学需求，有针对性地购进纸质文献与专业数据库，为师生提供专业化、特色化的服务。听取师生对馆内工作与服务的建议，及时改进不足，第一时间为读者提供国内外最新的科研动态。尽可能满足读者的文献需求，提高服务质量，加速文献流通利用率。

2. 服务方式的创新

（1）提供多种形式的咨询服务与互动平台。高校图书馆的读者群是校内师生，文献资源的采购也应以师生的需求为准。图书馆可定期对师生进行问卷调查，了解师生需求。在图书馆网页内设立文献进购专栏，听取师生意见，并将最新收集的文献资料定期提供给用户，开展针对性的信息服务。完善图书馆网页，使读者能方便地从网上预约、查询书目信息。利用网络，通过多样化的服务平台——微博、微信、QQ、邮件等方式加强与读者的沟通，及时回复读者的咨询，为用户提供全方位、多角度、深层次的服务。

（2）提供个性化服务。个性化服务推进图书馆服务向纵深化发展，使读者在服务中得到最大程度的满足。以内蒙古医科大学图书馆为例，馆内根据地区及学校特色引进蒙医药相关文献数据库，并采用蒙汉双语检索形式，方便蒙古族用户的查询。图书馆通过分析用户以往的借阅习惯、兴趣特长，针对不同层次、不同专业为各个类型读者建立信息库。通过分析比较不同类型读者的阅读需求对馆内文献和数据进行整合，设立适合不同用户的数据库，实行个性化服务。

（3）服务资源的创新。根据学校专业设置，分析不同层次用户的阅读需求，建立有自身特色的阅览室和数据库。对现有的资源加工处理，根据本校的专业特色和发展方向确定纸质书籍的馆藏方向。如内蒙古医科大学图书馆根据地方特色和学校教学科研需求，多渠道全方位地收集蒙医药及相关学科文献资料，并运用现代化手段进行深层次加工，逐步建立蒙医药学文献书目数据库、蒙医药学文献全文数据库，为学校师生的蒙医药教学医疗、科研开发提供了系统的文献信息服务。

（4）提升馆员的素质。提高馆员的工作服务能力。作为直接面对读者的馆员，除具备专业技能外，还要有较高的英语和计算机水平。馆员要熟悉馆内文献及数据资源的分布、检索，能够快速查找信息，能够最快地为用户提供相关服务。馆员要有丰富的专业知识储备，能够为读者推荐适合他们自身特点的书籍，做好导读工作。图书馆还应定期组织专业技术培训和继续教育，使馆员的知识结构及时更新，服务能力和信息处理水平不断提升。

（5）加强读者培训。读者不知如何利用图书馆将会使图书馆的信息利用率降低，使图书馆的资源形成浪费。可对新生进行入馆教育，开设信息检索课程、开展图书馆周，加大对图书馆的宣传。在图书馆的网页上设立读者服务指南，介绍图书馆内各阅览室及数据库的具体情况，提高读者的文献使用能力。

在信息科技飞速发展的今天，图书馆的服务也要紧跟时代，突破创新，只有服务内容和方式不断创新探索，图书馆才能满足用户需求，完成自身使命。

二、高校图书馆服务创新模式的具体实施

1. 熟悉读者的阅读心理

图书馆的主要服务对象是学校的全体师生，作为图书馆的读者，是图书馆服务的首要接触对象，做好读者的服务工作尤其重要。在这一过程中，只有熟悉读者的阅读心理，才能够为读者提供服务。读者的课堂时间有限，在课堂中接收的知识也有限，其对知识的获取更多还是在图书馆中完成。图书馆的工作人员一定要掌握读者在获取知识的过程中复杂的心理变化，不同知识水平的人对知识的需求量不同，管理员应该进行认真了解。

传统的图书管理员的工作单一，只是在读者进行借阅时进行登记和对书籍的整理，不会主动地为读者进行服务，许多读者不了解图书馆书籍摆放的规律，在找书时花费大量的时间和精力，使图书馆书籍的使用率不高。图书管理员对于图书馆的内部摆放十分了解，高校应该对现有资源进行合理地利用，使管理员在工作时积极把握读者的心理，随时为读者进行服务，使读者能够快速找到自己需要的书籍，在管理员帮助读者的过程中，还能够加强读者与管理员之间的交流，读者可以对图书馆的管理情况进行反馈，拉近二者之间的距离，使二者保持长期的、友好的互动关系，同时，也提高了图书馆的书籍利用率。

2. 优化服务理念

图书馆的管理工作不同于其他的职业，图书馆的管理工作属于零利润的服务，导致一些图书馆管理员的服务意识不强，不能够为广大师生提供良好的服务。在图书馆的管理过程中，有着科学、创新的服务理念十分重要，图书馆的

管理员只有加强对创新意识的培养，才能创造出创新的体系，才能在管理中不断地寻求创新性的服务方式，促进图书馆的发展。

在现代提倡的"以人为本"的理念也应落实到图书馆的管理中，要求管理员对这种思想应该及时地进行转变，不再是以书为主体。在新时代的要求下，图书管理员的职责不只是看管图书，而是要在管理过程中，能够主动地、有针对性地为读者提供多样性的服务。促进图书馆资源的共享，为读者提供实时的更新信息，加强管理员与读者之间的交流。图书馆也应适当地组织文化讲座、学术讨论等形式的交流，促进文化的传播，也促进读者之间的交流。图书馆在管理中，也应加强对信息化平台的服务意识。许多网络平台直接可为读者提供检索、下载等信息，虽然在一定程度上对传统的图书管理造成打击，但是也为图书馆信息化的发展提供了机遇，图书馆应该抓住机会，加强对信息化平台的服务，促进自身更好地发展。

3.创新服务内容

高校可在网络上设置自己的主页，对于图书馆进行详细地介绍，包括各种图书的分类以及资源的结构分布，同时在网站设置预约功能，使读者通过网站对借阅书籍进行初步的操作，对需要的书籍提前进行预约，提高借阅效率。图书馆也可以通过读者的电子邮件，将新书的公告及时发送给读者，使读者随时掌握图书馆的动态。图书馆的工作人员可以在工作中不断加强自己的服务意识，建立有自己学校特色的数据库。例如，建立本校历届毕业生的毕业论文的数据库，方便学生进行参考学习，或是通过统计师生的主要关注点，在热门书籍的类型中构建相应的数据库，拓展读者的阅读范围和检索范围。

4.拓宽服务领域

高校的首要性质中包括高校的社会性，就是为高校所在地提供一定的社会性的服务。高校图书馆也可以在该方面进行突破，走出校园，走进社会。在社会中，图书馆可进行部分有偿服务，不仅能够扩宽社会人士对知识的掌握层面，还能在这个过程中不断激励图书管理员的服务性，并将所得资金投入到图书馆的建设中。例如，可以与当地的图书馆进行协商，使不同的高校之间可以进行图书资源的共享，加强图书的利用率。

随着师生对高校图书馆的服务要求的不断提高，图书管理员应充分认识到自己服务中的不足，并在今后的工作中，加强自己的服务能力，强化创新意识，在服务中突出"以人为本"的思想，注意了解读者的心理变化过程，在服务的理念、内容、领域等各个方面为读者进行多元化的服务，满足读者在借阅过程中的需求，在管理过程中，化被动为主动，更加积极地为读者服务，加强图书的利用率，使师生能够更好地获取知识，为今后的学习和研究做准备。

三、高校图书馆想要提高服务和创新理念需具备以下几点

1.积极主动提高图书馆馆员的综合素质

高等教育想要培养出高质量的人才，离不开对图书馆信息资源的开发利用，高校图书馆为教学、科研服务义不容辞，要努力成为高等教育强有力的后盾。图书馆馆员是图书馆适时服务和发展的关键，图书馆馆员必须提高自己的道德修养、知识结构、服务水平、业务技能、言谈举止及沟通技巧等直接影响到为读者服务质量的基本素质。

作为文献信息中心"导航员"的图书馆馆员，必须不断提高业务技能水平，提升自己的综合素质，才能适应变化发展的新环境。同时，应尽量扩展相关问题的知识涵盖面，充分利用图书馆现有的各种实体资源和网上虚拟资源，依靠现代信息技术为图书馆提供知识面更广的知识服务。知识服务包括基于分析和基于内容的参考咨询服务、专业化信息服务、个人化信息服务，知识和信息得以系统化、综合化、深入化，产生针对性和适应性更强的再生知识。

2.建立以馆员为中心的现代图书馆管理理念

图书馆收集、保存和提供文献资料服务的基本职能已经不能成为衡量一个图书馆服务水平高低的标准。在信息时代，只有提高所有馆员的管理服务

水平，才能满足读者不同的文化需求。馆员在提供知识信息和检索服务的过程中，一方面是文化知识、检索技术的传授过程，另一方面是素质修养、服务质量的展示过程，一方面读者要求获得具有相当质量的文献信息，另一方面馆员要充分掌握更高的图书馆学、情报学专业技能。在这一动态交互过程中，馆员与读者的关系是相互教育与被教育、服务与被服务的特殊关系。其中，馆员起着主导作用，服务的好坏直接影响着读者对图书馆服务的评价，所以要加强对馆员业务的针对性培训。

馆员作为图书馆服务工作的主体，作为信息资源与读者之间的桥梁与纽带，馆员在图书馆工作中扮演着主角。因为在同样条件与环境下，由于馆员个人素质与能力的不同，在工作效果上就会产生很大的差异。为了更好地向用户提供优质的服务，必须树立"以馆员为中心"的现代图书馆管理理念。

3.转变角色，更好地为高校的教学、科研工作服务

要变图书馆馆员为"知识导航员"，其职责就是帮助人们选择信息、评价信息，为读者提供更多的创新性服务。高校图书馆的核心价值就在于为学校里的教师和学生提供各种类别的信息资源，高校图书馆必须充分发挥信息资源优势，根据现在科学的发展趋势，注重增加交叉学科、综合学科文献的比重配搭，从而满足读者对各个学科、门类学习研究的需要。

4.开放一切时间和馆藏资源，最大限度地满足读者的需要

一些高校自20世纪60年代建立图书馆以来，从封闭到开放，再到现在先进的藏阅一体模式，经历了漫长的渐变过程。藏阅一体的开放服务模式已成为现代高校图书馆的重要特征。图书馆服务的首要原则是开放性原则，开放是服务的前提，没有开放便无服务可言。现代意义上的图书馆开放，是一种全面开放，包括资源开放、时间开放、人员开放和馆务公开。图书馆的所有馆藏资源（包括实体馆藏和虚拟馆藏）和设施都向读者开放。

资源开放的内容及要求有：

（1）所有馆藏全部开放利用；

（2）实施藏阅一体式借阅管理；

（3）经常进行馆藏宣传（如新书通报）；

（4）馆与馆之间相互开放资源，实现资源共享；

（5）馆内所有设施（如书库、展览厅、视听室等）都向读者开放；

（6）全面揭示馆藏，健全检索体系；等等。

在开放馆藏资源的同时，要最大限度地延长读者利用图书馆的时间。例如，北京大学图书馆，不仅保证天天开馆，而且保证一天13.5小时的开馆时间。该校图书馆20世纪90年代每天开馆8小时，读者反映开馆时间短，而且所有的开放时间均在上班和上课时间，使一些教师和学生没有足够的时间借阅和归还图书。在综合了以上老师和学生反馈的意见后，开馆时间逐渐延长到现在的每天13.5个小时，增加了5.5个小时，虽然增加了工作时间，但是这样基本上能够满足广大师生的需求。现在北京大学图书馆开放时间要求做到：（1）除了正常的寒假、暑假，做到了节假日和公休日不闭馆，即"图书馆无休息日"；（2）除了每周五的馆内例会或政治学习外，馆内开展任何活动都不影响正常开馆；（3）保证开馆时间的完整性或连续性，避免中断。

5.创新服务理念

馆员是高校图书馆发展的根本动力；拥有先进的服务理念，是高校图书馆服务创新的基础。馆员是知识的载体，是图书馆信息库的建造者和维护者，是信息资源与读者用户之间的桥梁与纽带。对于图书馆来说，优秀的服务将成为现代图书馆最重要的资源和首要财富。如果一个图书馆能够通过自己的某种独特性，或是一定的规模和馆藏，或某一信息产品，或某一特色服务，在同一行业中形成差别优势，那么，这就是优势。高校图书馆的服务要突出的是服务的特性与特色。特色馆藏、特色服务、特色活动、特色环境等都可以形成现代高校图书馆服务的特色。

高校图书馆服务具有其独特的规范和价值观，这些规范和价值观的总和就是一种文化——图书馆文化。图书馆的服务是为了获得知识在传递中的轨迹，是为了获得所有教职工和每一届学生素质提高的价值，是为了获得读者需求被满足的效果，是为了获得人生价值实现的喜悦。

从图书馆服务发展趋势看，图书馆服务的内容亟须拓宽。服务方式要灵活多样，这也是方便读者的重要措施。其主要措施就是加大网络信息服务和便民服务的内容。在信息服务方面，主要是加大网上信息和电子书库的建设和导航服务内容。在便民服务方面，要加强为读者服务的力度，其主要内容包括新进图书中对各个学科图书书目的介绍，使广大师生能及时地、相对全面地了解现有馆藏相应学科图书的情况，以及各个类别图书在书库中的摆放位置。在文献信息服务方面也要创新，主要是加大参考咨询服务的力度，努力从文献服务向知识服务演进，提高图书馆服务的知识含量。

6.建立特色的网络文献信息资源

随着信息网络的普及、信息资源的数字化、信息系统的虚拟化，信息获取途径日益方便、快捷和大众化。网络作为信息的重要平台，大大丰富了图书馆的文献资源，突破了图书馆的物理界限，实现了图书馆的异地服务，满足了用户的各种需求。利用现代网络平台，提供各种数据库服务、知识库服务以及多种在线或离线信息服务，这种能够同时提供实体馆藏与虚拟馆藏服务的模式，极大地丰富了图书馆服务的内容，强化了图书馆服务的能力。这些服务方式方法具有较强的智能性、实时性、交互性等特征，能够提供全新的个性化服务。

信息时代，用户对知识的利用程度随着科学技术的进步及其对经济发展推动作用的增强而不断加深，尤其是从事高校的教学和科学研究的读者，他们已不再满足为其提供一般性的知识服务，而是需要提供解决问题方案的核心知识内容。所以，信息时代的图书馆的服务重心将从一般服务向参考服务转移，而图书馆员是实现这些转移的关键，所以加强人力资源管理，培养能胜任知识服务的知识型馆员，才能从一个崭新的角度来创新图书馆服务。

7.注重与读者交流，营造和谐文化氛围

和谐图书馆要协调图书馆的人文环境、物理环境和管理文化等诸多因素。要提升图书馆馆员的至诚服务精神，增强读者与图书馆之间的互动性，激发广大读者的读书求知热情，建设环境优美、资源丰富、充满人文氛围的信息资源宝库。

　　创造出一个良好的文化氛围，最重要的是构建一个良好的人际关系，图书馆馆员要努力争取做到这一点。在特定的文化氛围之下，图书馆馆员和读者抛开一切界限，平等地交流与沟通，从中可以了解读者的阅读需要与倾向，并向他们宣传图书馆的各种服务功能，这样就会在无形中拉近馆员和读者的距离，读者服务工作也会更好地开展。这种亲切自然的交流环境体现了图书馆以人为本、创造和谐的理念。

　　在新时期，高校图书馆要想争取更大的生存与发展空间，就必须适应时代发展的要求，加强自身建设。要本着"以读者为中心"的服务宗旨，树立"读者第一，服务育人"的观念，创建书香人和的和谐高校图书馆。

第四节　社会服务

　　高校图书馆提升社会服务功能是时代和社会发展的需要，也是自身可持续性发展的需要，不仅可以提高馆藏文献的利用率，充分发挥高校图书馆的信息资源优势，而且还有助于实现社会的信息资源共享，提高全民族的思想文化水平，为建设民主和谐的社会做出巨大的贡献。

一、高校图书馆社会服务内容

　　高校图书馆社会服务形式大体分为7种：图书借阅、文献传递、科技查新、科研系统通用借书证服务、校友服务、地方服务与企业服务。图书借阅是图书馆最传统、最基础的服务。文献传递是将用户所需的文献复制品以有效的方式和合理的费用直接或间接传递给用户的一种非返还式的文献提供服务，它具有快速、高效、简便的特点。科技查新是指查新机构根据查新委托人提供的需要查证其新颖性的科学技术内容，按照科技查新规范通过手工检索和计算机检索等手段，运用综合分析和对比的方法，形成查新结论，为评价科研立项、成果等的新颖性和先进性提供事实依据的一种公众性的信息咨询服务工作。通用借书证不仅使高校图书馆内资源得以互补，同时也有效地解决了高校图书馆纸质资源复本量不足的问题，是一种合理的资源配置途径。校友服务是高校图书馆校内读者的延伸服务，服务内容主要有书刊阅览、使用馆内电子资源以及优惠享受文献传递、科技查新、代查代检、论文引证和定题服务等。地方服务是指由地方政府牵头，高校图书馆与地方政府、所在社区或企事业单位共同协作实现高校图书馆社会化服务。企业服务是高校图书馆在服务本校教学、科研的同时，有计划、有目的地为企业咨询、决策所提供的知识服务。

高校图书馆确定社会服务内容首先要切合服务目标，在此基础之上扬长避短，合理安排和利用本馆资源，在现有的文献资源基础之上，利用本馆的特色资源，特别是专业性的、公共图书馆缺少的资源为社会用户服务，这样不仅能避免盲目开放，避免校内读者与社会用户之间的冲突，而且能切实提供那些只有高校图书馆才能承担的社会服务，使得高校图书馆社会服务更加有针对性和有效性。

二、国内外高校图书馆社会服务情况

1.国外高校图书馆社会服务开放程度较高，社会服务对象正朝着细化的方向发展

20世纪60年代，为了响应美国政府提出的"战胜贫困计划"，美国图书馆界提供"社区信息服务"（CommunityInformationService, CIS）。此后，美国的高校图书馆一直在为社区读者敞开大门，并为社会团体和个人提供多种信息服务。在美国，不论地区、年龄和种族，只要能出示证明身份的证件，就可办理相关入馆手续，进入高校图书馆，利用各种信息资源。除美国外，日本、德国和澳大利亚等发达国家及印度等发展中国家的高校图书馆为企业和社区用户开展服务也十分普遍。

在日本，政府明确提出要把图书馆建成国民终身教育的重要基地，很多日本人把图书馆当成自己的学习室、起居室或个人的俱乐部、孩子的避风港，甚至是家外之家。目前，日本已有80%的高校图书馆面向社会开放。德国法兰克福大学图书馆多年来一直接待校外读者，社会服务量与校内服务量分别为40%和60%。

国外高校图书馆的网站一般把校外人员分为游客和校友，校友服务已发展成其特色服务。对毕业校友来说，母校图书馆开通校友服务，既让校友在熟悉的信息环境下满足信息需求，解决工作、学习、生活中的问题，同时又使毕业校友了解母校的发展现状，拉近与母校的距离，这对学校发展也是一个很好的

机会。一般游客可以访问学校某些公开课资料及开放数据库，高校图书馆同时也欢迎他们到馆访问，图书馆的电子地图、联系方式及到馆访问规则都在网站上显示列出，给游客提供方便。有的高校把残疾人员列为一类服务对象，为他们的到馆访问或信息查询提供特殊服务，这正是"以用户为中心"的人性化服务的一个具体表现。

2.我国高校图书馆开展社会服务情况

我国政府和社会公众急切呼吁高校图书馆对外开放，但高校图书馆社会服务尚未普遍开展，社会服务对象的划分是粗线条的。

2002年2月，教育部颁布的《普通高等学校图书馆规程（修订）》（以下简称《规程》）中第21条规定："有条件的高等学校图书馆应尽可能向社会读者和社区读者开放。"2002年11月实施的《北京市图书馆条例》规定："社会团体、企业、事业单位的图书馆（室）向社会开放。"2006年6月北京市教委提出高校图书馆的文献信息资源在满足本校教学科研需要的情况下，应向社会公众开放，鼓励高校图书馆向社会开放。2007年7月，《国际先驱导报》和新浪网就"高校图书馆是否该向公众全面开放"进行联合调查，截至2007年7月18日，共有近2000人参与调查，有近80%的人认为高校图书馆应该对社会公众开放，高校没有独占信息资源的权利，公众应从高校图书馆中广泛获益。可见，政府和社会公众急切呼吁高校图书馆对外开放。

目前我国仅有北京、上海、广东等发达地区的部分高校图书馆对外实行部分开放，95%以上的高校图书馆只为本校师生提供信息服务，对社会公众基本"关闭"，只有少数高校图书馆在服务对象中标明允许社会人员以校外个人或校外团体的身份申请服务。而且这些服务一般是有偿的，有些资源的访问是受限制的。在毕业生离校前，高校图书馆一般会注销他们的账号，不再为毕业生服务，也没有发展毕业校友的服务项目。

我国多数高等学校图书馆在满足其目标用户的需求方面尚力不从心，高校图书馆为社会服务的期待与其自身的能力之间也存在着事实上的矛盾。对于矛盾十分尖锐的图书馆（如资源特别紧缺的图书馆）或图书馆资源类型（如座位等竞争性资源），高校图书馆顺理成章的选择就是优先服务其目标用户，这就要求高校图书馆改变盲目强调向社会"开放"的做法，切实了解哪些是只有高校图书馆能承担的社会服务，以便高校图书馆可以用最小的成本协助满足其他渠道无法满足的社会信息需求，从而在保证校内需求的同时兼顾公众需求。即使是已经开展社会服务的高校图书馆，在其服务过程中也存在诸多无奈：一方面高等学校图书馆的资源主要来自其所在学校，而学校主要根据其本校用户的规模和需要配置资源；另一方面，自20世纪80年代以来，有关高校图书馆向社会开放的呼声日益高涨，尽管发出这些呼声的学者很少清晰地界定"开放"和"社会服务"的含义，但却已经对高校图书馆形成了巨大压力。在高校图书馆社会服务问题上，理论研究的概念模糊和高调理想（相对于图书馆资源紧缺的现实而言），至少在一定程度上对高校图书馆形成了"理论绑架"。

以南京地区高校图书馆为例，向社会开放以实现高校图书馆社会价值为目标，将社区居民、省内其他高校师生以及当地企事业单位纳入服务对象范围，以政府和其他团体组织为中介，为当地经济建设和文化发展贡献了自己的力量。但是，服务的主要对象为高校用户和区域内其他科研单位，呈现了明显的倾向性与针对性，并非意在面向全体社会用户。同时，在服务社会的过程中也存在着资源缺乏、社会读者受惠面不广等缺陷。南京地区高校图书馆社会服务对象呈现明显的倾向性与针对性（偏向高校用户和区域内其他科研单位），并非意在面向全体社会用户，这一特点在高校图书馆社会服务内容中亦有体现。

高校图书馆开展社会服务需要量力而行。当前，高校图书馆存在许多现实问题。首先是高校图书馆人力资源状况，当前的人力资源状况已不足以胜任图书馆转型升级、高质量发展之需。以2017年江苏省高校图书馆数据为例，进行进一步的简化与量化使其更直观地呈现"效果"：在编馆员人均服务429名读者（其中教职员工读者45名，学生读者384名）；人均馆舍建筑面积为635平方米；人均纸质文献馆藏总量2.98万册（注：52所本科院校馆纸质文献馆藏总量9055万册）。以2017年中山大学图书馆数据为例，进行进一步的简化与量化使其更直观地呈现"效果"：在编馆员人均服务215名学生；人均馆舍建筑面积为453平方米；人均纸质文献馆藏总量2.82万册。通过了解，两所高校图书馆在开展社会服务方面取得一定成效，他们的共同点是为附属医院及周边其他医院提供文献资源服务，并进行上门培训，经过多年的探索与实践，较好地做到了责权利对等，实现可持续的共建共享双赢局面。

三、国内外高校图书馆在社会服务方面的差距

1.思想观念方面

在国外，人们普遍认为每个公民都是纳税人，高校图书馆和公共图书馆一样，受政府税收的支持，每个公民都有利用图书馆的权利，每个图书馆也都有义务为社会服务；而在我国，人们普遍认为高校图书馆是学校自己的资源，不是社会的公共设施，高校图书馆仅为本校师生服务无可厚非。

2.政府宏观调控方面

在国外，政府对高校图书馆的宏观调控作用显著。例如美国，从1862年《莫雷尔赠地法案》到《国防教育法》和历次的《高等教育法》都有相应的图书馆建设条款。在拨款方面，联邦政府通过对高校经费的控制来达到对高校图书馆建设与发展的控制。如果其社会服务开展得不好，政府对高校的拨款就会相应减少。国家以此来控制高校图书馆，使其服从政府的指挥。目前我国高校图书馆开展社会服务还是一种自觉行为，一个高校图书馆的社会服务开展得如何，与国家所给这个高校的财政拨款的多少无关。虽然国家鼓励高校图书馆对社会开放，但缺乏强有力的法规支持，国家对高校图书馆的调控作用不大。

3.社会、市场参与方面

国外高校图书馆在为社会服务的同时，社会也在通过各种渠道来影响学校图书馆的发展。例如，美国非官方的机构对高校的办学有认可的权利，而作为办学条件中重要部分的图书馆，对教学质量的影响很大。一旦认可机构对高校的图书馆设施不予认可，政府对高校的拨款就会相应减少，社会和个人的捐款

也会减少，毕业生的质量就会受到怀疑，学校甚至有倒闭的危险。在高校图书馆社区服务的管理机制之中采取市场化的运作方式，由用户来决定其信誉与持续的经济投入，所以国外高校图书馆开展社会服务的动力是无穷的。我国高校图书馆的管理体制是"政府——学校——财务部门——政府"，缺少市场的调节与社会评价参与，基本上是封闭的结构，缺乏可调节性与灵活性，很难适应网络时代教育的需要。图书馆的经费主要来自学校的财务部门，少有社会资源的加入，并且学校对图书馆资金的投入基本上与图书馆的服务效果、效益和用户对图书馆服务的评价无关，用户也基本上无法影响到图书馆的决策及管理人员的升迁，无法决定对图书馆的投入。在这种体制下，图书馆必然缺少开展社会服务的动力。

四、提升我国高校图书馆社会服务功能的措施

1. 更新思想观念

无论公共图书馆还是高校图书馆，资金的最终来源都是国家财政，都是受政府税收的支持，每个公民都有利用图书馆的权利，每个图书馆也都有义务为社会服务。但是，由于我国高校图书馆长期以来只面向本校的师生员工，开展社会服务必然会遭到一些人的反对。像香港科技大学图书馆在刚开始向社会开放时也曾遭到了不少人的反对，有的学生甚至还贴出大字报加以抨击，但当时校长吴家玮与馆长周敏民坚持图书馆应向所有的公众开放。吴校长说，那些大学生由于现在中学生进馆之后没有座位而有意见，他们忘记了自己当初来中学图书馆看书所得的好处。如今"人人都可以利用图书馆"的思想在香港科技大学图书馆得到了贯彻。内地高校图书馆也应向香港科技大学图书馆学习，坚决贯彻"人人都可以利用图书馆"的思想，加强图书馆员的职业道德教育，培养出一批有着共同使命并且始终把公众利益放在首位的图书馆员。

2. 加强国家的宏观调控能力

《规程》是2002年制定的，当时高校图书馆开展社会服务的条件还不够成熟。但近几年来，高校图书馆发生了翻天覆地的变化，其综合实力得到了前所未有的加强，开展社会服务的条件也日臻成熟，国家也应在高校图书馆开展社会服务方面提出更高的要求。要及时修改《规程》，把图书馆开展社会服务作为国家向学校拨款的重要依据之一，加强国家的宏观调控能力，使作为图书馆主管部门的学校更能重视及督促图书馆开展社会服务，并对图书馆开展社会服务给予更大的支持。

3. 把社会服务纳入图书馆领导及工作人员的考核内容

把社会服务作为一项重要指标纳入图书馆领导及工作人员的考核中，并和其工资、奖金及晋升密切挂钩。使高校图书馆人都必须注重社会服务，以推动高校图书馆信息服务社会化的进程。

4. 有计划、分步骤、多渠道地向社会开放

高校图书馆开展社会服务会在资源、设备、人才等方面出现这样或那样的困难，但这绝不能作为拒绝向社会开放的理由。各馆应根据自身条件确定具体的服务对象及服务项目，可以是简单的图书借还和期刊阅览，也可以提供深层次的咨询服务，还可利用数字图书馆提供全面的文献信息服务。例如，淮南师范学院是师范类院校，图书馆的教育类图书资源比较丰富，所以该校图书馆向淮南市几所中小学发放一定数量的借书证，为中小学教师的教学和科研提供服务，收到了良好的效果。还有的高校图书馆在寒暑假加大对市民开放的力度。要有计划、分步骤、多渠道地向社会开放，首先要确保校内服务，其次还要兼顾社会服务，充分发挥高校图书馆作为文献信息中心的作用。

5. 实现社会效益和经济效益的双赢

高校图书馆的社会服务功能在我国还远远没有发挥出来。在社会服务中，一味强调高校图书馆的付出，即高校图书馆社会服务的成本，而对向社会开放中所产生的效益（包括社会效益和经济效益）却认识不足，或者说是信心不足。随着纸质资源、电子资源的飞速发展，高校图书馆的经费永远不会令人满

意。图书馆不能只是坐等学校的拨款，要充分发挥自身文献信息资源的优势和人才、设备的优势，面向社会、面向经济建设提供信息服务。《规程》第21条规定："根据材料和劳动的消耗或服务成果的实际效益收取适当费用。"在保证社会效益为最大准则的前提下，适当地注重经济效益，实现社会效益和经济效益的双赢。

高校图书馆开展社会服务道路千万条，责权利对等第一条。责权利是相辅相成、相互制约、相互作用的，一般都说责权利要对等，才能调动积极性，负有什么样的责任，就应该具有相应的权利，同时应该取得相对应的利益。只有从机制上对我国高校图书馆有限的人力、物力、财力资源进行合理配置，才能推动高校图书馆开展社会服务，使高校图书馆由被动地"要我向社会开放"，变为主动地"我要向社会开放"，从而真正提升高校图书馆的社会服务功能。

第五节 信息时代融合服务

随着我国高等教育的发展，高校图书馆作为文献储存、管理和传播的载体机构，对高校教学与科研起到了极大的促进作用。特别是信息时代下现代技术的发展，如计算机技术、网络技术和通信技术在图书馆管理中的运用，极大地促进了图书情报行业的发展，同时对图书馆传统的管理模式和服务模式提出了新的挑战。因此，高校图书馆只有加强信息管理模式和服务模式的不断创新，才能适应时代的需要。

一、信息时代下高校图书馆的新特征

信息时代下高校图书馆借助于现代计算机技术和信息技术手段建立的文献信息平台，是文献与信息交流、传播的媒介和工具。因此，信息时代下，为有效利用和提高图书馆的功能，必须充分运用现代先进科技手段，建立信息化、网络化的现代高校图书馆。

1. 文献获取信息化

信息时代下高校图书馆借助计算机技术，采用文献数据库和光盘管理系统，使大量文献存储在很小的文献数据库和光盘管理系统中，从而成为可实现大量信息查询的电子图书馆，为读者提供大量文献信息资源和信息查询，加快了文献信息和科学知识的传播，使读者能够有效地进行相关文献信息获取，并可以对相关信息进行整合梳理，有效地提高了图书馆义献信息资源的交流服务。

2. 文献载体多元化

随着人类文明的进步，文献信息发展迅速，传统的纸质文献载体已经无法满足现代文献信息存储的需求。随着计算机技术及相关存储技术的进步，光盘管理系统和硬盘存储系统，以及数据库空间的发展，电子出版物大幅度增长，文献载体多元化使现代文献信息的存储海量化，压缩了存储空间，提高了文献信息的可利用率。

3.网络共享化

传统的高校图书馆功能服务模式只是简单的借阅图书资料，并提供借阅场所，功能单一、效率低下、死板，难以有效发挥图书馆的真正作用。随着文献传播速度加快，读者对图书馆文献信息需求膨胀，因此，图书信息网络化建设可以对众多的文献信息进行加工编辑，便于图书的分类管理，并借助多媒体技术和光盘管理系统，使图书馆文献管理达到自动化共享服务，快速便捷地提供多种图书馆馆藏文献电子信息资源网络化服务，最大限度地发挥图书馆文献信息资源效率，为读者提供优质文献查找服务功能。

二、高校图书馆信息时代融合服务探讨

1.智慧服务

媒体融合时代主要以新媒体和传统媒体的融合为主要特征，为了适应新时代发展环境，高校在构建图书馆智慧服务体系时，就必须引入新理念、新方法等，才能提高图书馆智慧服务体系构建效果。

媒体融合含义分析：尼葛洛庞蒂首先提出了媒体融合的基本概念，他将不同媒介在功能、形式、组织结构的结合归纳为媒体融合，不仅包括报纸、电视、广播等传统媒体的融合，更包括互联网、移动终端、数字电视等新型媒体的融合，实现了广义上深渠道的资源共享。

高校图书馆智慧服务的内涵：国内高校图书馆已经进入知识服务智慧化方向发展的关键阶段，当前高校图书馆发展的重点是实现从知识检索、知识共享、知识传递等服务，到知识重组、知识价值挖掘、知识创新等服务方向的转变。与此同时，技术与专业服务人才已经成为实现高校图书馆智慧服务体系的关键。比如，高校需要引入计算机技术、云计算、物联网、大数据处理等先进的科学技术；同时，还需要招聘、引入可以满足客户个性化、多元化需求的，且具备创新能力及服务意识等的优秀专业化服务人才。所以，高校图书馆智慧服务的含义即"以现实图书馆资源为基础，为用户提供创新型优质服务；其中现有知识在拓展后实现知识增值成为其主要发展目标"。

（1）构建媒体融合时代的高校图书馆智慧服务体系方法

其一，积极建设数字馆藏资源，改善智慧服务体系基础供给水平。高校图书馆智慧服务体系的根基就是数字馆藏资源，所以，要根据智慧服务体系建设目标，合理构建数字馆藏资源，要创新数字馆藏资源方式，做好资源分类管理工作，还要凸显特色资源，适应不同用户需求。与此同时，要根据用户要求及反馈信息，构建专业知识服务馆藏资源库，为智慧化服务平台的推广提供资源支持；资源要满足用户在新媒体设备使用中对图书馆提出的知识价值挖掘、生产力开发等基本服务需求，此时才能实现媒体融合和智慧服务体系的高效结合。另外，应根据科技发展状况、用户需求等，科学运用媒体融合及技术完善馆藏资源的构建，从而提高图书馆智慧服务体系服务效果。

其二，积极研发移动终端APP，改善和用户互动沟通的效果。高校在建设移动图书馆终端APP软件的过程中，可以从以下三点入手：首先，做好图书馆数字资源库和移动图书馆APP软件搜索功能的极限无缝对接，让APP可以阅读、检索庞大的数字资源；其次，要为APP软件赋予高端知识服务功能，要合理运用现代科学技术，结合高校图书馆智慧服务现状，赋予APP软件咨询、检索、传递、创新、价值挖掘知识等服务功能；最后，要增加知识社交功能，要让用户和专家、图书馆管理员、用户实现高频互动。

其三，坚持业务融合为导向，重组组织结构与业务内容。首先，高校图书馆必须对馆藏编目、信息推送的知识服务组织结构进行优化、调整，要积极运用现代科技，构建知识资源开发应用组织框架新结构，使媒体融合环境中高校图书馆知识服务用户的需求得到满足。其次，高校应主动地优化、升级、完善图书馆知识服务供给能力，此时应引入物联网、大数据、云计算等技术完善、升级高校图书馆设施设备；同时，要为图书馆管理人员提供培训学习的机会，要积极建设能够对各项先进技术进行熟练使用的专业化图书馆管理队伍。

其四，做好地区高校图书馆智慧服务联盟建设，做好资源、服务共享工作。高校应做好专业化图书馆队伍、数字化资源、技术设备等建设工作，为高校图书馆智慧服务联盟建设奠定基础。首先，高校应提高对共同享用数字化文献资源的关注度，要将共同享用特色性资源变成现实；其次，高校图书馆要主动联合其他高校，构建媒体融合网络服务共用平台，通过共用平台做好信息传递的合作；再次，要鼓励各高校之间图书馆专业化馆员服务队伍实现协调配合，从而改善高端用户知识服务合作化供给水平；最后，高校之间应不拘一格，要在联盟外部主动和软件研发企业、移动运营商进行积极合作，让市场化操作部分业务成为现实，实现增加高校图书馆智慧服务用户数量的目标。

在媒体融合时代的影响下，高校应积极运用物联网、大数据等技术，做好图书馆智慧服务体系的建设，才能有效满足用户需求，为高校在校师生提供更加优质的服务。

2.共享空间

（1）概念阐释

共享空间理念起源于欧美的高校，是一种以用户为中心，打造一站式、协作式科研环境的先进服务模式。自1992年美国艾奥瓦大学图书馆构建"信息拱廊"后，信息共享空间以培育用户信息素养，促进读者学习、交流、协作和研究为目标的图书馆服务模式开始形成和发展，并朝着学习共享空间、知识共享空间、学术共享空间、研究共享空间等方向发展。

Beagle的观点最经典，其指出IC是一种可被各类数字服务访问的网络环境，以及在集成的数字化环境下组织工作空间和提供服务的物理设施，同时也是一种新型学术图书馆服务传递模式，包括两种可能状态：一种是专门的在线环境，可通过单一的图形用户界面和网络工作站的搜索引擎获取尽可能广泛的数字服务；一种是专门设计的新型物理设施，组织工作区和数字环境中的服务传递。2005年，吴建中将IC的概念引入中国，指出其是一个为图书馆员、计算机专家、多媒体工作者等各类用户提供交流的动态空间服务模式。随着互联网、计算机技术和社交媒体的发展，以及教学方法和理论的变革，IC的定义演变为图书馆、技术、教学支持研究、教学和知识创新的场所。

（2）规划设计

规划设计是共享空间成功实施的关键环节，高校图书馆建设共享空间需要全面规划和考虑。一是，要与高校发展目标紧密相连，支持高校发展战略，即共享空间建设目标是全面支持高校的教学、科研与人才培养等核心活动，将图书馆建成高校的信息中心、学习中心、研究与交流中心。二是，要争取得到高校相关部门在资源、资金和人力等方面的支持。只有在全校范围内建设共享空间、调动多方力量，才能显著提升共享空间的建设成效，扩大共享空间的影响力。三是，要做好整体规划，可以在力所能及的范围内分阶段建设，实现共享空间建设的生态可持续发展。四是，要秉承"以用户为中心"的核心理念，以"帮助师生学习、科研获得成功"作为主要宗旨，打造一站式协作互联、便捷高效、环保生态的虚实空间共享环境。

（3）建设实施与典型案例

高校图书馆共享空间的实践蓬勃发展，各馆根据自身需求、内外环境、硬件设施、资金、人员等情况，为共享空间构建各具特色的实体层、虚拟层、支持层等。学者们从实践特点、使用效果、存在问题、发展建议等视角进行总结分析。目前，世界各地图书馆建有大量共享空间，其中少数共享空间为独立建筑，而大多数为建筑物的一部分。根据美国研究图书馆协会对74个成员机构的调查结果显示，实施IC服务模式的图书馆占比30%；在图书情报领域，运用不同资源建设IC的理念与实践日趋普遍。在国内，自2006年上海视觉艺术学院图书馆IC建成开放以来，高校图书馆的共享空间建设实现蓬勃发展，截至2012年，在112所"211"高校中16所高校图书馆开设了共享空间或类似服务。

基于各馆不同的建设理念、建设思路及现实条件，产生3种不同阶段的共享空间，可划分为初具雏形阶段、双项整合阶段、高度融合阶段。

初具雏形阶段。该阶段的共享空间刚起步，强调信息技术与信息的整合，图书馆由信息资源的提供者向信息资源的导航者转变，提供文献借阅、参考咨询、培训辅导等基础信息共享服务，尚未进行服务整合及馆员、教师、学生三方人员的协同融合，对学术、科研的支持尚显不足。该阶段的共享空间管理模式单一，管理工作主要由图书馆承担，学校内其他机构的参与较少，因此所提供的服务并不能满足高端用户的需求。例如，北京大学多媒体共享中心主要面向全校师生提供多媒体资源的制作、共享、点播、试听服务，属于初具雏形阶段的共享空间。

双项整合阶段。虽在共享空间完成资源与服务的双项整合，但在三方人员协同合作方面存在不足，图书馆对学习科研的主动促进作用尚不明显。例如，中国人民大学图书馆IC即属于双项整合的共享空间，其是一个为全校师生提供互联网、计算机软硬件、各种信息资源及服务的综合场所，由工具书、IC咨询台、有线阅览座位、上网机位、教学科研辅助软件和研讨休闲区组成，并配有精通计算机软硬件的工作人员提供咨询和辅导，满足各类用户不同需求。

高度融合阶段。共享空间实现资源、服务和三方人员最大限度地整合，以读者为中心提供无处不在的信息服务，支持用户通过互动、交流、协作开展学习和研究，在信息与资源共享的基础上，实现知识的共享与创造。例如，上海交通大学图书馆从用户视角出发，将图书馆的资源、设备、技术、场所、馆员、师生等有效整合，信息共享空间（IC1）和创新社区（IC2）两种先进服务模式有机融合，设计由物理和虚拟环境共同构成的IC2（IC1×IC2）创新服务模式，融入用户的教、学、研全过程，提供无处不在、无时不有的泛学科化服务。随着IC2服务理念深化，上海交通大学图书馆对其共享空间服务形式和内容进行改进和创新，先后推出创新交流社区、学业分享中心、新技术体验区等新型共享空间和服务。

（4）馆员素养

馆员良好的综合素养是共享空间建设实施的重要保障与核心要素。学者们从馆员能力要求、能力培养、培训项目等方面对共享空间的馆员素养进行探讨。第一，馆员能力要求角度的研究。共享空间环境下的科技、组织文化、人际关系等方面压力对图书馆员的思想道德、职业道德、业务素养、科研能力、沟通能力等提出更高的要求，对IC馆员角色提出在专业技能（如对IC服务理念的认同、信息咨询能力和技术素养等）、创新意识、创新能力、团队合作能力及适应能力等方面的新要求。澳大利亚TAFE学院图书馆开展了IC馆员必备技能调查，发现图书馆管理人员中，认为IC馆员需要具备的重要技能分别为技术技能（90％）、充分了解岗位（86％）、知晓业务相关的绩效标准（79％）、熟练查找与使用纸质和在线资源（64％），提出复合型馆员应具备人际交往沟通能力、通用计算能力与相关专业知识。第二，馆员能力培养角度的研究。Kloppenborg等认为多技能馆员应具备全面的能力，为此，馆员培训模块应涵盖传统服务、工作场所、工作技术、人际交往能力、领导能力和管理能力等部分。胡娴洁等主张，为改进高校图书馆IC参考咨询服务，图书馆需要聘请具有多学科背景的人员，IC参考咨询人员可定期培训并建立学习团队、开展信息检索大赛、建立服务打分制度等。美国亚利桑那大学图书馆使用朗之万训练方法培训IC馆员，开展由9个培训时段、2个在线课程模块、自定进度讲义、需求点培训、面对面会议等核心板块组成的培训项目，促使馆员能为用户提供优质的辅导服务。其调研结果表明，用户对馆员责任心和解答能力的满意度非常高。

（5）绩效评估

共享空间的不断完善与持续改进离不开科学有效的绩效评估，要从评价方法、评估指标、结果分析等角度对共享空间绩效评估进行研究，为全面合理地评价共享空间提供参考依据。

3. 自助服务

（1）高校图书馆自助服务发展现状

自助服务是高校图书馆通过布置自助终端，借助现代通信和网络技术，由读者自己完成所有需要的借阅流程，是图书馆人工服务的延伸。近年来，为方便读者更好地使用图书馆资源，各高校图书馆越发地重视自助借阅服务的发展，这是高校图书馆自身业务综合运作、高校扩招学生数量增多导致的工作人员工作量剧增的必然结果，同时也是信息化背景下高校图书馆实现服务转型的途径之一。

在国内，集美大学诚毅学院于2005年底开始筹建国内第一家RFID馆藏管理系统，2006年2月20日，诚毅学院图书馆综合书库正式对外开放，配套建设的"RFID智能馆藏系统"也建成并投入试运行。深圳图书馆新馆于2006年7月在全国率先采用无线射频识别技术，即用RFID系统替代传统的条码技术，这个完整的全自动RFID系统是世界上第二大RFID系统，仅次于TAGSYS为华盛顿州西雅图市的西雅图公共图书馆所建造的RFID系统。

（2）自助服务读者体验调研的数据分析

各高校图书馆为了吸引读者进馆阅读，纷纷加大对读者自助终端的投入。一方面，自助终端已经成为读者获取阅读服务的重要渠道，读者对自助服务的要求也在逐渐变化；另一方面，则是图书馆投放的自助终端数量和复杂性逐渐增加，对自助服务的管理水平还亟待提升。为此，通过问卷调研，了解读者对图书馆自助终端的使用体验，发现其中存在的问题，并从服务创新方面提出解决的对策建议。

读者用户对图书馆自助终端使用存在的问题主要表现在四个方面：

一是，图书自助借还终端的功能不完善。在被调查的读者用户中，读者对图书馆自助设备的功能表示满意的占53.3%，而高达46.3%的用户则表示图书馆自助设备的功能不能满足其需求。现阶段RFID自助借还系统的共同点主要有：第一，RFID自助借还系统通过特定接口与图书馆集成管理系统进行对接以实现数据实时交换；第二，RFID自助借还各个功能子模块是由RFID系统统一管理，而非由图书馆集成管理系统管理；第三，RFID自助借还各个功能子模块均由读写天线、读写控制单元组成，并通过与RFID电子标签进行数据交互以完成相应业务步骤；第四，自助借还系统和图书馆集成管理系统数据库虽然存储的数据有重合部分，但因各自功能侧重不同，两者数据库会有较大差异；第五，图书状态（借出/归还）同时存储在电子标签和数据库中。此种模式通常能承担图书馆80%以上的借还业务量，是RFID技术应用于图书馆的最显著特点之一，具有借还高效化、操作自助化、借阅信息隐私化等特点，满足现代读者对个人权利和个人隐私空间的诉求。

二是，图书馆自助终端的布局不合理。图书馆自助借还终端设备在馆内部，随着馆藏服务的进一步提升布局，离馆式自助借还尚处于起步阶段，一些地方图书馆或者社区图书馆才实现无人式管理，而高校图书馆由于馆址区域的限制在户外设置自助设备终端则很少。特别是在学生宿舍等人员密集区很少有图书借阅自助设备，在调查中，58%的用户认为宿舍或者教室周围没有自己常用的图书自助终端设备。随着新的学生住宿区的建立和新型商业网点的建设，出现了一些新的学生读者聚集区，而这些地方自助借阅终端的设立不是很及时，甚至没有规划，传统的借阅方式带来的改变仅限于图书馆内部固定的空间，从而使得原有的借阅自助终端的布局变得不太合理。

三是，图书馆自助终端的认同度不高。虽然图书馆自助终端有很多的优点，但是很多用户对自助终端的认同度却不高。根据调查结果显示，选择优先到自助借还终端去办理的读者占总用户量的39%，在等待时间很长的情况下到自助终端办理业务的占16.3%，只在自助终端办理存借书等简单业务的占30.3%，必须在服务台老师的协助下才能办理自助业务的占10.3%，甚至有4%的用户从来不去自助终端办理业务。读者对图书自助终端的认同度不高，使得部分图书自助终端的使用效果并不是很理想，造成了部分自助终端使用率低下的情况。部分人特别是中老年教师由于习惯于传统的服务方式的心理习惯等，他们习惯在服务台办理业务，宁愿排队也不愿享受自助设备提供的方便的自助服务。

四是，图书馆自助终端的安全性不高。图书馆自助终端带来便利服务的同时，也日益突出其安全性问题。在读者对图书馆自助终端使用体验的调查中，认为自助终端存在安全隐患和存在严重安全问题的占到被调查者总人数的45%，47.7%的人对图书馆自助终端的安全性持怀疑态度。由于图书馆自助终端为无人式管理，特别是非工作日没有图书馆工作人员的值守，读者自行办理借还，有些读者针对这种自助设备的逃避归还图书活动发生率越来越多。特别是冒用读者借阅证件遗失的同学身份的事件层出不穷，由于缺乏身份识别加上缺乏监管，冒用、盗用事件难以避免。

（3）影响自助服务用户体验的原因分析

第一，图书馆的宣传力度不够，造成用户对图书馆自助终端的认知度不高。图书馆的自助终端作为一种自助化的服务设备，承担着重复性、流程化的服务功能，但由于其自助化的特性，这种服务存在一定的学习使用门槛，其从发展到普及需要一个渐进的过程，需要对读者逐步培养使用习惯。自助终端服务的发展过程大体上可划分为三个阶段：导入期、培养期和普及期。目前，我国高校图书馆的自助服务还处于培养期，需要在一定的读者中建立对自助终端服务模式的使用习惯，并形成使用依赖，并逐渐过渡到普及期。而目前对自助终端的宣传力度不够，宣传形式和宣传途径较少，基本上还处于被迫使用图书馆自助终端办理业务的情况，或者对自助终端所能提供的服务不熟悉、不了解、不会操作。

第二，图书馆的服务功能开发不足，造成自助终端难以满足用户需求。对于图书馆来说，自助终端不仅是一种服务设备，更是一种业务模式和价值创造模式，体现了图书馆的经营战略和服务理念。从读者对图书馆业务多元化的需求来看，自助终端所承担的服务种类也应该是多样的，而不应仅限于简单的借书还书。但目前的情况是，全国实施自助终端的各个图书馆的自助服务基本上没有区别，没有考虑读者群体对自助服务的需求，以及读者群体对自助系统使用的反馈对图书馆自身发展的促进作用，这样同质化的自助服务，既没有体现图书馆发展的定位，也没有体现图书馆的服务理念，其功能的单一化必然难以满足用户需求。

第三，图书馆的自助服务缺少规划，造成自助终端的布局不合理。目前，我国图书馆自助服务业务正处于快速发展阶段，但是尚缺乏统一、科学的发展规划，由此带来的自助终端布局不合理的问题十分显著。一方面，表现为离行式图书馆自助终端的布局缺少前期用户调研和环境分析，造成对自助终端服务需求量较大的教学区、住宿区缺少设备。另一方面，表现为图书馆对自助终端更新换代的投入不够，造成部分区域图书馆自助终端的建设和功能比较滞后，不能满足读者的使用需求。

第四，图书馆的日常维护管理不善，造成自助终端的安全性令读者担忧。图书馆自助终端的本质是一种联网的高科技电子设备，网络和设备安全问题并存。随着科学技术发展的限制，某些不良读者频频利用系统使用和管理的技术漏洞顶替冒用别人的身份借书和还书，导致读者对该系统存在质疑，读者投诉现象屡见不鲜，以致部分管理出现瘫痪，同时由于自助借阅终端无人值守，某些不怀好意的读者恶意企图常常得逞。而目前图书馆对自助设备的维护管理不足，管理方式单一，维护不及时现象严重，由此让读者面临着巨大的信息安全和借阅安全的风险。

（4）提升图书馆自助服务水平的创新策略

其一，创新服务理念，重视图书馆自助服务。服务理念是图书馆自助服务的指导思想，引导着图书馆馆员的服务方向。传统的读者借阅服务重视读者借阅台的人员提供的服务，对馆员的服务水平提出很高的要求。创新服务理念，应当将图书馆人工借阅服务和自助服务放在同等重要的位置。通过人员的服务和自助终端服务带来的服务体验，在读者中形成优先主动使用自助终端的习惯。图书馆应加大对图书自助终端使用和相关使用方法的宣传力度，积极引导和协助指导读者使用自助终端，让读者熟悉和了解图书自助借阅终端，能顺利使用图书自助终端的使用。

其二，创新服务内容，完善图书自助终端的功能。读者享受自助服务是通过操作自助终端来获得的，因此创新服务内容就要不断拓展和完善自助终端的功能，满足客户多样化、个性化的需求。图书馆应当建立标准化的自助图书馆功能区，标配有相应的自助终端，做到有形展示的标准化。图书馆自助终端的功能要不断适应读者的实际需求，并适当地增加相应的业务服务功能，如自助缴纳罚款等，还可以增加图书馆自助设备的开户/销户功能。

其三，创新服务形式，优化图书馆自助终端的布局。针对图书自助服务形式的创新，可以从优化图书自助借阅终端的布局开始。在选址之前要进行科学系统的用户调研，做好前期读者分布的统计工作，使图书自助借阅设备真正为读者所使用。在图书自助借阅终端的发展中，将"便利店"形式的离馆式自助借阅作为实施的重点，让图书馆自助服务贴近读者。自助服务区内部也要做好布局，并保证自助区内部图书资料质量，为图书资料管理奠定良好基础。因此，图书馆应强化宣传教育，让馆员认识到采编图书资料质量的重要性，加强与高校师生交流互动，明确读者诉求，对采编计划加以调整，实现针对性图书资料管理服务，或是在校园中引入"青春做伴好读书"读书月活动，推送宣传相关书籍，为学生及教师筛选图书资料，以提高图书资料利用率，避免出现图书资料无人问津的情况。图书馆还要多借鉴国外图书资料管理方式，引进服务理念，在保证传统图书资料管理能力下，关注人性化服务，简化服务距离，加强读者面对面人机交互服务，不仅可节约人力，还能保证服务人性化与便捷化。

其四，购置先进管理设备。在新形势下，先进管理设备是图书资料管理中重要物质基础，设备先进性可在一定程度上反映出图书资料管理水平，推动图书资料管理实现进一步提升。随着网络技术不断发展，人们处于网络化图书资料管理时代，图书馆应当紧跟时代步伐，以资料管理业务运营为出发点，加大资金投入，购置多种先进管理设备，以转变传统管理办公方法，开创图书资料电子网络管理。高校可引进自助借还机、电子阅读器、门禁系统、VR体验机。自助借还机可让广大师生通过自身身份证、校园卡或者微信二维码扫描方式，在设备上完成自主借书还书、查询借阅情况、打印凭据等项目；电子阅读器中则有多种格式的电子期刊与图刊，师生不仅可在馆内进行实时阅读，还能在扫描二维码后，将图书资料下载到手机之中，实现离线阅读；门禁系统则可对进出馆人数、当日进出馆人数进行实时记录，将未正常办理图书借阅手续的信息显示出来，加强对图书资料的管理；VR体验机可让师生体验VR未来课堂、VR无界博物馆、VR视觉区等，以获得不同的阅读体验。图书馆通过引进新设备后，能够让师生充分体验动静结合的阅读模式，还能将读者借还书效率提高，将图书资料管理人员从以往的机械化工作中解放，让他们能够为读者提供更加人性化与个性化的服务。

　　其五，健全管理制度。在信息化时代下，高校图书馆在图书资料管理时，应当根据自身特点与实际情况，分析信息技术对管理工作的影响及师生个性化多样化的需求，以制定管理制度，完善图书资料管理体系，加强管理水平。高校多为岗位分配制度，书库坐机借还书和巡库、整价人员各司其职，师生借阅高峰期，即节假日前夕与开学时，坐机人员较少，无法满足师生阅读需求，需时刻坐在电脑前整理，巡库人员此时则较为机动。当假期结束后，坐机人员则较为轻松，上架人员需处理还回书籍。此种情况下则会导致浪费人力资源，应当协调工作人员分工，制定相应轮换制度，抵制懒散习气，提高馆员工作效率。而服务方面，则制定奖惩措施，每当师生借阅图书后，可为负责馆员打分，月末综合评选分数最高者，对其进行精神与物质奖励，最末或被投诉最多者，则予以扣工资或扣奖金等方面惩罚，以加强馆员对图书资料管理的责任心。

　　总之，高校图书资料管理工作中，应用信息化技术，可有效提高管理工作效率与服务水平。因此，高校应当根据自身情况，从提高管理者素质、完善数据库平台、创新管理方法、购置先进管理设备、健全管理制度这几方面出发，推动高校图书馆实现进一步发展。

第六章 高校图书馆人力资源管理

在社会文化进步与发展过程中，高校图书馆始终扮演着非常重要的角色，随着社会生活对文化需求的逐步增大，如何更好地发挥出高校图书馆的功能性作用就变得格外重要。人力资源管理作为以人才管理、分配与潜能激发为基础的管理型工作，其在高校图书馆当中的应用能够为图书馆社会功能的进一步发挥带来动力。但从目前来看，很多高校在图书馆的人力资源管理方面并不重视，这会对高校图书馆的发展与进步带来一定阻碍。解决高校图书馆人力资源管理问题，使高校图书馆能够实现快速发展，成为高校图书馆的主要工作目标。

第一节　馆员职业倦怠的形成和调试

一、馆员职业倦怠的形成

馆员职业倦怠的形成与以下三个因素有关：

1. 职业特点

馆员在传统的图书馆模式下，原本对业务工作驾轻就熟。他们按照固有的方法完成各自的采访、编目、流通、阅览、参考咨询等业务，职业角色得到充分展示，信心满满，成就感十足。然而在现代化、网络化和数字化等新技术的冲击下，图书馆工作模式需要变革，馆员的技能需要革新，他们被迫重新学习。某些无法适应转变的馆员特别是资历长、年岁大的保守同志将会有无所适从、挫败等不良职业倦怠情绪的产生，从而消极怠工、得过且过。另外，图书馆各个工作环节按部就班，程序化严重，馆员的创造性无从发挥，从而导致个人的情绪低落，工作热情尽失，职业倦怠情绪产生。

2. 社会认同感

由于人们头脑里对传统图书馆概念的根深蒂固以及认识的不足，大多数人都认为图书馆只是一个平平常常的处所而已，图书馆工作不需要精深的专业要求，图书馆员不过是一群守书人、看门人而已，每天不过是来来往往的借书还书罢了，甚至有人以为图书馆就是卖书的地方。在公众的眼里，图书馆工作也只是简单的、低层次的劳动，他们不了解图书馆员的辛苦，看不起馆员平凡的工作，更加无视图书馆的规则，正是这些社会偏见和对图书馆事业认可的缺乏扼杀了馆员的成就感和自豪感，导致了馆员情绪的低落，甚至是悲观和失望，从而产生了消极的职业倦怠情感。

3.自身素质

由于目前全国图书馆行业并没有统一的准入制度和法定录用标准，图书馆对于馆员的招聘没有自主选择权，不过是听从于组织的安排，接收到的也是在大众考试中取得高分的求职者，这看似合理公平，其实对图书馆的长足发展却并非理性。有些虽然会背书、会做题，考试高分的考霸却不一定能成为图书馆行业的合格从业人员。或许有人根本不热爱图书馆工作，只想把图书馆当作职业生涯的中转站、避风港。同时，通过考试只注重学历而忽略心理素质的现象，导致一些人格缺损、心理素质不健全的人也混进图书馆。实际工作中，负面影响逐渐显现：工作不认真、与读者吵架、不珍惜图书、人格缺损以致人际关系的不和谐，等等。所以把图书馆当过渡职业的人员很难对工作付出热忱，试问骑驴找马的馆员各怀异心又如何不产生冷漠厌倦之气，那些与同事格格不入的小团体又怎能不产生疏离的职业倦怠情绪。

职业倦怠会像瘟疫一样蔓延，在馆员之间相互扩散影响，严重阻碍图书馆的职能实现。对产生职业倦怠的馆员，应当积极介入，以坚定的态度有的放矢地采取有力措施进行疏导和排解。这是一个艰难复杂的过程，所以不仅需要领导者的支持，也需要全社会的理解，更需要馆员自身的努力，任何人都不能放任不管，都必须勇敢面对现实，综合多方经验，做出有益于事态发展的选择，采取积极措施预防、抑制和克服职业倦怠。

二、调试职业倦怠的主要方法

1.抑制和消除馆员的职业倦怠需要图书馆管理者在采用先进管理理念的同时加强馆员激励工作

管理者要通过物质奖励、精神激励、人文关怀、考评机制等方式最大限度地调动员工的积极性、主动性和创造性，克服职业倦怠的消极情绪，从而全身心投入工作，促进图书馆事业发展。一方面可以为馆员提供"评先进、选优秀"、学习培训、学术交流、旅游度假等机会，实行优胜激励机制，充分调动馆员的工作积极性，另一方面可以实行岗位轮换工作制，促使馆员参与更多岗位实践，以此激发工作挑战性，从而主动加强学习深造，提升素质；同时还需要给予馆员情感上的体贴和关心，关注实际需要，及时帮助解决生活和工作困难，提高馆员的幸福感和归属感；另外尽可能创造活动机会，加强馆内人际沟通与交流，提升图书馆的组织协调性，打造团结互帮互助的馆风，形成和谐的馆员关系，从而开创积极向上的工作氛围。

2.抑制和消除馆员的职业倦怠需要政府和图书馆同时做好政策倾斜和社会舆论宣传工作

加强政策对于图书馆事业发展的支持和保障，扩大社会舆论对图书馆事业的关注和重视，从而促进图书馆的进一步发展壮大，提升图书馆公众形象，提高图书馆从业人员的社会地位。政府和学校都要利用政策倾斜加大对图书馆建设的支持，既包括硬件设施也包括软件配套，并丰富图书馆员职称晋升等发展渠道的机会和信息。同时，图书馆应当加强自身的舆论宣传，带着馆员和藏书积极走出去，进入现实生活，并定期开展图书馆主题公益讲座，逐步将图书馆引入群众的工作和生活，增强图书馆的社会影响力和效用。只有群众摒弃了传统偏见，充分认识到图书馆事业并重视图书馆事业，才能形成尊重图书馆从业人员的社会意识。馆员的职业空间得到扩展，社会地位得到认同和尊重，职业倦怠的消极情绪必然能够消除，取而代之的是光荣和自豪的职业感，从而以积极健康的情绪开展工作，营造和谐的图书馆文化氛围，为读者提供更好的服务。

3.抑制和消除馆员的职业倦怠需要馆员充分认识到自己工作的重要性，在锻炼技能的同时内外兼修，加强职业道德建设

管理学理论认为：组织提供再好的外部环境和条件，最后还是要通过个体的内因起作用。馆员自身积极努力、提升素质、健康心态，才是自我防范并抑制职业倦怠的主要因素。一是树立正确的人生观价值观，无论是图书馆的过客还是家人，都应该本着"人过留名雁过留声"的宗旨在自己的岗位上以主人翁的姿态尽职尽责，不断学习充实，强化业务水平。二是注重交往对象，完善人

际关系，本着"近朱者赤、近墨者黑"的原则尽量与单位中工作态度积极、思想健康向上的同事交往，习得良好的职业操守。三是转变思想，培养职业情感。没有爱的工作无异于劳役，只有热爱自己的工作，才能积极参与、自觉付出，并且从中体验到乐趣。心理学研究表明，人们对某项事情参与的程度越大，他就越会承担责任，抵制行为就越少，这就是所谓的"承诺"。所以，作为图书馆现代化进程中的一名工作者，要从消极逃避的旁观者心态，转变成积极奋发、乐于承担的当家人作风。

综上所述，职业倦怠已然成为困扰图书馆员的主要心理情结，在消极沉闷的文化氛围下，馆员会相对产生压抑和愤怒感，但在积极活泼的文化氛围中，便很容易受到激励和感染，从而对自己的工作感到兴奋和满足，克服职业倦怠。为此，无论是政府还是社会，无论是学校还是个人都在积极寻求解决途径，克服馆员的消极情绪。而作为现代化的公共图书馆员更应该充分面对时代发展所带来的机遇，勇敢接受现实给予的挑战，在社会的认同与集体的支持下，积极进行心理调适，学会驾驭压力，始终保持健康的心态，带着热情饱满的情绪，以坚韧不拔、勇于开拓的事业心和全心全意为读者服务的责任感投身到图书馆的现代化建设中。

第二节　馆员职业生涯开发与管理

21世纪，图书馆展现出新的姿态，人们对它的认识也随着社会、经济形态的变化而转变，时代赋予了它新的内涵和意义。相对于传统图书馆，现代图书馆出现了许多新概念，诸如数字图书馆、知识组织、知识管理等。为了适应它的发展和变化，作为组织第一资源——图书馆的员工也需要进行新的定位，重塑职业形象，转变职业观念．激发职业潜能。因而，为吸引更多人才，更好提升图书馆的竞争力，进行图书馆员的职业生涯开发与管理已成为图书馆进一步改革的方向和有效的途径。职业生涯开发与管理是图书馆留住人才的有效手段，也是保证图书馆其他资源得到合理利用的前提。从人力资源开发与管理的角度看，图书馆员职业生涯的开发与管理在现代图书馆具有其可行性。现代图书馆应对图书馆员的职业生涯进行切合实际的开发与管理。

一、职业生涯和职业生涯开发与管理的概念

职业生涯又称职业发展，它是指一个人从确定职业目标开始，通过职业学习，从事各种职业，直至职业劳动最后结束的所有职业工作历程。在现代社会，个人的职业选择权不断加大，职业的变化趋势越来越强，人力资源不仅在不同的社会部门之间流动，即使在同一个组织中，还表现在部门之间的调整、从上到下的流动等。如何开发和管理职业生涯，走出一条宽阔的职业道路，是现代人力资源管理中的一个重要课题。

职业生涯的开发与管理要通过个人和组织两个方面同时进行。职业生涯的开发与管理对于个人来说，指的是个人为了达到职业目标，实现自我价值，对

自己一生职业发展道路的设想和规划；对于组织来说，指的是以员工为中心，以员工的全面发展为出发点，根据员工的实际状况和组织需要，由管理人员与员工共同设计出员工的职业生涯通道，为员工提供既适合个人发展，又反映组织目标和文化的工作岗位。组织对员工的职业生涯开发与管理是一个满足员工和组织内人力资源需要的互动过程。对于组织来说，是为了适应外部环境的变化，确保在需要时可以得到具备合适资格和经历的员工，并保证员工的献身精神与忠诚度；对于员工来说，是为了使自身在其职业生涯中能力获得不断提高，潜能得到最大限度的发挥，实现人生价值。职业生涯的开发与管理在企业中应用较为普遍，在公益性行业中还很少有人涉及。然而，开展职业生涯的开发与管理的研究，对于高技术人才普遍不足、从某种意义上存在着人才流失的图书馆界来说，是具有相当重要的理论价值与现实意义的。

二、图书馆进行职业生涯开发与管理的必要性

1. 是适应图书馆事业发展和图书馆队伍建设的发展的需要

当代社会信息化、网络化迅速发展，对从事读者服务及信息服务的工作人员的专业素质、综合能力的要求不断提高，高水平图书馆人才明显不足。随着图书馆的采访、分类、编目、典籍等工作的现代化，图书馆所需人力大大减少。反之，数字图书馆的建立，文献检索、参考咨询业务的不断扩大。图书馆需要大量高素质、高学历的人才，特别是能整体了解图书馆运作，既懂计算机又懂图书馆业务的复合型人才缺口更大。因此，通过有组织的职业生涯开发，可以使一部分图书馆工作人员实现人才转型，成为图书馆发展的急需人才。加强图书馆队伍建设，以适应图书馆事业发展的需要，是一条完全可行的，也是高效益的途径。

2. 是图书馆留住人才、人尽其才的有效手段

图书馆属于事业型、服务型机构，其经济效益不高，带给个人的社会声望

也不大，因此，人力资源流动没有给图书馆带来活力，而是高层次人才在某种程度上的流失，大大制约了图书馆事业的发展。因此，图书馆事业要想求得生存权、发展权就必须开辟出一条宽阔的职业生涯发展道路，根据每个从业人员的专业、学历、兴趣、技能等，为个人设计合理的发展道路，提供相应的学习、培训、锻炼的机会，尽可能发挥每一位从业人员的潜能，使之在经济利益方面不能得到的东西，在自我实现方面得到一定的满足与补偿。图书馆要不断让员工承担具有挑战性的工作，并为他们的成长和发展以及参与管理创造机会和条件，使员工工作满意度增加，留住人才和吸引人才，从而保障图书馆有一个稳定且具有活力的人才队伍。

3. 能提升图书馆组织运用人力资源的效能

职业生涯管理有效激活了图书馆的人力资源管理。借助系统的职业开发，能融合个人职业生涯需求与图书馆组织目标，将枯燥单调的图书馆工作转变为充满挑战性的工作环境，为馆员创造更多的职业机会和良好的工作氛围。图书馆可依据每个工作人员的具体情况，为其设计职业生涯道路，最大程度地发挥每一位工作人员的个人潜能。首先，给每一位工作人员配备合适的工作岗位，进入图书馆后，根据个人的实际情况和图书馆的需要，适时调整其最终的职业发展方向。其次，注意在工作中不断开发工作人员的能力，保证工作人员可以在工作中学习到更多的知识和技能。最后，图书馆还应不断加强对工作人员的培训。职业生涯的开发与管理能为工作人员提供职业发展目标和工作上的成就感，具有极大的激励作用，使他们在充分发展自己才能的同时，极大地促进组织效能的提高。

4. 图书馆其他资源可得到充分利用

图书馆具有人才、资金、文献、设备等多项资源。在这些资源中，人才这一资源是唯一能动的主体，而其他资源都是被人才所利用的被动的客体。其他资源能否得到充分利用取决于人才资源的开发和利用程度，而职业生涯开发能够充分利用图书馆其他有限的资源，提高图书馆的整体能力和效益。

三、现代图书馆对馆员的职业生涯进行开发和管理

一般说来，对职业生涯开发和管理的主体是组织中的员工个体，但以组织为主体的职业生涯开发和管理越来越成为主要趋势。对现代图书馆而言，提供个人评估规划草案的主体是馆员本人，但进行评估确认和整体规划的主体是图书馆这个组织，具备条件的图书馆可以联合起来成立一个类似"职业生涯开发与管理委员会"的非专职的领导小组，专门负责馆员的职业生涯开发与管理。结合图书馆的实际，对馆员的职业生涯进行切实可行的开发与管理，一般可以通过以下三条途径：

1.对组织环境和馆员情况进行评估

评估阶段的主要任务是根据馆员自身的特点和他们所处的环境进行分析和定位，设计相应的职业发展方向和目标。主要包括以下三个方面的工作：

（1）环境分析。对图书馆内外环境进行分析探讨，弄清环境对馆员职业发展的作用、影响及要求。建立图书馆职业信息系统，将馆员的职业目标与各种职业机会公开、公正、有效地匹配起来。

（2）馆员自我评估。组织馆员提交个人分析表，对个人情况（如性别、年龄、健康状况、教育水平、负担状况等）和自身的能力、兴趣、价值观和职业目标进行真实评估。

（3）图书馆对馆员进行评估。处理馆员的基本信息档案，分析他们具备或潜在的职业能力和兴趣，判断他们的职业类型（进取型、安全型、自由型、攀登型及平衡型），最终确定员工的职业目标是否现实以及他们可能的发展道路。

2.帮助馆员确立职业目标

根据评估结果，确立切实可行的目标是进行职业生涯开发与管理的关键，也是最重要的一点。现代图书馆对馆员职业生涯进行开发与管理，一般考虑三个发展方向：

（1）纵向发展。即随着个人的技术能力和服务水平的提升，馆员在职业发展道路上呈上升走向。例如，职务等级由低级到高级的提升，成为某专业技能领域的业务骨干等。

（2）横向发展。馆员在不同类型业务之间的调动、在业务工作和管理工作之间的切换都属于横向发展。通过此种发展可以发现馆员的最佳发挥点，同时又可以使馆员积累多方面的工作经验，为以后的发展创造有利的条件。

（3）向图书馆核心方向发展。被赋予了更多机会的馆员，随着手中掌握技能的增加，渐渐发展成为全面的资深业务骨干，如学科馆员、馆内业务培训导师等。

图书馆的职业岗位相对来说是比较稳定的。馆员的职业生涯发展方向在生涯路线图中将会显得较为平缓，为减少馆员的"疲顿倾向"，可适当增设一些可发挥能力的"虚拟"职位，如兼职培训讲师、兼职业务指导、兼职公关人员等，也可实施工作轮换制度，丰富工作内容，开创新服务。

3.制定职业生涯策略

职业生涯策略是指实现职业生涯目标的行动计划和具体措施，如教育、培训、实践和修正，这是确定职业目标后至关重要的过程。

（1）为不同情况的馆员制定不同的职业生涯策略。比如，为年轻馆员提供富有挑战性和开创性的工作，使他们保持旺盛的工作热情和竞争能力。安排中年馆员对年轻馆员进行传、帮、带，既可以帮助年轻馆员养成良好的工作态度，也能巩固和发展中年馆员的知识。

（2）制定并实施有效的培训机制。现代图书馆是一个学习型的组织，通过短期进修、参加学术交流活动、相关学科知识的继续教育等方式，对馆员进行更多的知识、技能和管理培训，有助于保障职业生涯的顺利发展。

（3）对职业规划定期进行评估与修正。通过工作绩效评价、职业生涯年度评审等制度，有意识地定期回顾馆员的工作表现，检验馆员的职业定位与职业方向是否合适，通过反馈和修正，纠正其最终职业目标与分阶段职业目标之间的偏差。

第三节　馆员信息素质教育的方法和途径

　　21世纪是知识经济的时代，人类社会已进入了以知识信息的生产、分配和利用为基础的新时期，人们的思维方式和生活方式已发生深刻的变化，人们对各类知识信息的需求日益剧增。图书馆作为全面收藏各种知识信息的载体，保存人类文化遗产，开发信息资源，进行社会教育提高全民素质的阵地，也正日益受到社会各界和人们的注目。因此，在新时期图书馆网络化、数字化的建设已被推到了社会信息化建设的前沿，网络环境下的信息服务也以全新的服务内容、服务功能、服务手段、服务方式展现在广大读者面前，形成了读者——资源——利用——服务的信息服务正常运行的四大要素。面对这些转变和竞争挑战，作为在高校图书馆工作的操作人员、管理人员素质的高低，已在很大程度上决定了高校图书馆及院系资料室服务质量和效率的高低。教育者必先受教育，所以，在素质教育已成为21世纪中国高等教育改革主题的今天，大力提高高校图书馆馆员素质的教育工作，已成为高校图书馆的当务之急。

一、高校图书馆员的素质教育是大学素质教育的重要组成部分

　　1.图书馆是人类文化发展的产物，又为人类文化发展做出了重要的贡献

　　高校图书馆的历史更表明了这一点，最初的大学不设图书馆，大学教学的基本方式是宣读讲义与抄录笔记。牛津大学最先建立了图书馆中心，随后剑桥大学、巴黎索邦学院等均在14世纪建立了图书馆，从而有效地发挥了传播知识、培育人才的作用，经过不断改进和发展，一些主要大学的图书馆成为科学思想和人文思想的温床。因此，欧洲中世纪的高校图书馆是连接中世纪末期与

文艺复兴的重要桥梁，文艺复兴的文化基础皆出于此。随着社会的发展尤其是科技的突飞猛进，高等教育的规模日益扩大，高校图书馆得到了前所未有的重视，西方许多人把图书馆称为大学的基本课堂和心脏，与大学毕业生的质量密切相关，而学生素质的高低又反映了其大学自身素质的高低，许多著名学府的历史都昭示了这一点。

2. 我国著名高等学府均十分重视图书馆建设，并将其作为大学素质的重要组成部分

一些杰出的大学校长非常注重图书馆建设，如蔡元培、胡适、梅贻琦、竺可桢、郭沫若、钱伟长等。关于高校图书馆在大学的地位，郭沫若先生认为办好高校图书馆就等于办好了大学的一半；蔡尚恩先生甚至称图书馆为太上研究院，高校图书馆是学生的老师，也是老师的老师。由此不难看出，高校图书馆是大学素质的重要构件。

3. 推动民族素质的提高

目前，大学素质教育的最终目的是为中华民族在新世纪培养高素质的合格人才并向社会输送，这样将会对我国科技的发展和全民素质的提高起到很大的推动作用。因此，要创立高素质的大学，就必须建立高质量的图书馆。作为大学素质教育的重要阵地之一的图书馆，对其馆员进行的素质教育，已成了大学素质教育的重要组成部分，而怎样提高馆员的素质教育，则成了当前的重要课题。

二、目前高校图书馆员素质普遍存在的问题

1. 图书馆员文化素质偏低

长期以来，由于人们在观念上存在的问题，没有认识到图书馆工作的重要性，造成对图书馆员要求过低，图书馆人员配置不合理，不能人适其所、人尽其才，一些没有专业学科背景的老弱病残及家属被安排到图书馆，不少领导认

为馆内有几个大学毕业生就不错了，又未把专业学习及素质教育列入工作日程，使图书馆员专业技术水平难以与整个社会的科技水平同步提高。另外，图书馆在人类社会的发展过程中，历来没有受到人们足够的重视，图书馆员社会地位自然不高，收入偏低，劳动成果得不到社会的公正评价，有的馆员缺乏良好的工作生活环境。个别领导的行为、风格与外界因素相结合也是使工作人员产生绩效差异、部分馆员不思进取的原因之一。

2.知识结构的不合理

在高校图书馆员中，普遍存在知识结构单一现象。图书馆员的结构存在着三种类型：第一类，受过图书馆专业知识教育，具有大专以上学历人员；第二类，其他学科专业毕业的，具有大专以上学历人员，他们有某一学科的系统知识，但缺乏图书馆专业的知识和管理方法；第三类，文化层次偏低，包括中专以下学历的人员，这部分人一般未经过图书馆专业知识的学习，由于知识和能力的限制，他们只能从事简单的传统图书馆业务工作。

3.缺乏较强的事业心

图书馆工作是一项具有较强知识性、服务性的工作。它与社会政治、经济、文化和科学技术水平紧密相连。在21世纪，知识更新周期越来越短、学科门类越分越细的背景下，图书馆员不光要具有较强的事业心和责任感，同时，还需要有很好的敬业精神与竞争意识，图书馆员在做好一般日常管理工作的同时要向交叉、复合型馆员发展，与时俱进，做到活到老、学到老。

三、高校图书馆员应具备的素质

由于社会的发展，现代高校图书馆已不能停留在借阅过程中传播已有知识的层次，还承担高层次多种类的服务于人文科学、社会科学、自然科学及交叉学科、综合学科的研究工作。图书馆工作要做到服务于知识的深化，服务于学术的研究，就必须有一支既具有图书馆专业知识，又具有对某一学科有相当了解甚至精通，能把握某一学科的学术动向、研究进程、最新学术思想的队伍。图书馆信息服务的运作，不单依赖先进的现代化设施，更依赖于现代化设施的操作者。针对图书馆在知识经济时代面临的各种挑战及自身存在的问题，提高图书馆员文化素质、专业素质、思想素质已成为当前高校图书馆急需解决的首要问题。图书馆员的素质问题已被图书馆界所重视。1996年，美国专业图书馆协会从当今世界各地的社会、技术和工作等发生不断变化的现实出发，提出了《21世纪专业图书馆员必备素质》的报告。报告就21世纪图书馆员的素质提出了具体要求：

1. 牢记图书馆员在图书馆和信息工作中的中枢作用和图书馆的基本使命。

2. 做一名社会承认的称职的图书馆员和信息专家，要自觉地以正规的或非正规的途径和方法不断接受再教育。

3. 与图书馆界和情报机构保持纽带关系。

4. 对自己所从事的职业价值要有自信心，要尊重一道工作的同事，要把图书馆专业教育中学到的、有价值的知识充分运用到图书馆实际工作中去。

5. 要成为用户所信赖的图书馆员与信息专家。

6. 要具有东方社会传统的亲和力、注意力、诚实性、责任感等良好品性。

7. 从实际出发，以积极的姿态投入各项工作。

四、目前高校图书馆员素质教育的主要途径和方式

针对目前高校图书馆员素质情况，解决问题的最有效的方法是对图书馆员进行继续教育，目标是要培养既懂图书资料信息专业知识，又懂现代技术，既懂经济，又懂国际法且通晓外语的复合型高素质人才，使我国的图书资料信息业尽快赶上发达国家的水平，更好地为高校科教在新世纪创新发展奠基铺路。

1. 继续教育的主要内容

（1）加强图书馆专业知识教育。在信息知识经济时代，高校图书馆急需

专业人才，即"以掌握计算机技术为主，具有信息管理才能的应用型、复合型专业人才"，因此，专业知识的继续教育越发显得重要，而不容忽视。通过专业知识继续教育，可使非专业图书馆人员由外行变为内行，同时使图书馆专业人员的知识能力有所更新。高校图书馆为读者开展高层次文献信息服务，提供教学、科研最新信息是它的重要工作。而图书馆的文献从收集加工到开发利用，则是一项具有高度学术性、专业性的工作，只有对图书馆的专业知识精通，对相关专业知识了解，才能做好这项工作。图书馆专业人员应了解包括图书学、情报学、文献信息学及相关学科的专业科学知识，与本学科主要专业相关的专业技术知识和语言知识。应具有一定的业务能力，包括发现文献信息的洞察能力，筛选、评价、运用文献的评判能力，及时获取处理信息的能力，升华自己实践经验的能力，改进文献信息的研究方法及提高服务水平的能力。

（2）改善图书馆员知识结构。加强相关性知识的教育，改变图书馆馆员的知识结构，也是非常必要的。它也是图书馆馆员接受继续教育的重要内容之一。目前，信息化技术对图书馆传统职能的拓展，图书馆从对文献资源管理到信息资源管理的转变，势必在信息活动中涉及到人、经济、技术等诸多因素及其相关的问题，必然要求图书馆员对经济、管理、法律、信息以及其他学科方面的有关知识有所了解。

（3）加强职业道德教育。图书馆职业具有承传性、积累性、教育性及服务性等特征。这种多层次、多蕴含的丰富性职业特征，要求图书馆工作者必须具有默默奉献的爱业精神，注重言传身教的教育者形象，要求图书馆工作者按照不同读者的不同要求，发挥其应有的职能作用，以承担起社会赋予的重任。通过对图书馆馆员的职业道德教育，使图书馆馆员树立崇尚知识、崇尚精神文明的思想和认识，形成忠于职守、敬业奉献、服务社会的崭新职业风貌。

2.继续教育的主要方式

（1）脱产、半脱产学习。可报考第二学位、双学位、研究生，参加各种短中期进修班、培训班等。

（2）在职学习。这是边工作边学习的方式。包括电大、夜大、自学考试等。有条件的高校图书馆还可以采用跟班听课的学习方式。人的精力有限，掌握知识不可能面面俱到，馆领导可以有计划地安排相关馆员，以跟班听课的形式掌握一门专业知识。

（3）学术研究。通过让馆员参加一些有创意、重实效的交流研讨学术会，使他们与兄弟馆同仁共同研讨问题，取长补短。此种方式既可以提高专业技术水平，开拓视野，又能提高综合运用能力。

（4）参观学习。让馆员在参观中考察取经，多为图书馆建设献计献策。

（5）实行"轮换制"。即隔一阶段对各层次干部、各岗位人员进行一次内部调动，换换岗位，馆员就可能在新工作岗位发现新问题，从而迫使他们去研究新问题，汲取新知识，使他们的实际能力得以提高，专业知识水平得以扩展。

（6）自学成才。馆内可以组织各种形式专题学习，使馆员在自学的过程中提高文化水平，提高思想品德素质及解决问题的能力。馆内还可以采用以老带新的方式，让年轻馆员从老馆员那里学到经验，老馆员从年轻馆员那里学到新思想、新技能，做到相互交流，取长补短，共同进步。

提高高校图书馆员的综合素质，对他们进行全面的继续教育，是适应高校图书馆建设发展的需要。只有建立一支高素质的图书馆员队伍，才能使图书馆在高校教学科研工作中发挥更大作用。

五、提高馆员信息素质是当务之急

1. 信息素质的定义

信息素质是信息产业发展和社会信息化过程中出现的一个名词。一个人具备信息素质，就必须能认识到何时需要信息和具备查寻、评估和有效利用所需信息的能力，而且这种素质是终身学习的结果。信息素质可以理解为在信息化社会中个体所具有的各种信息品质，包括信息能力（信息知识和技能）、信息道德、信息意识、信息觉悟、信息观念、信息潜能、信息心理等。信息素质是个综合意义的概念，它不仅蕴含着个体具备的、带有客观性、发掘和利用社会信息源的基本技能，还包括了个体最基本的、更具有主观性的认识和判断信息的基本品质。

2.加强馆员信息素质教育的必要性

（1）现代社会信息化的需求。信息素质日益成为社会发展的决定性力量和主导因素，它要求人类具有获取并征服它的能力和意识。作为专业从事信息资源管理的图书馆员，只有具备良好的信息素质，才能较好地开展工作，有效提供信息导航、信息组织、信息开发服务。

（2）现代图书馆工作对管理人员的要求。首先，文献信息的载体形态从纸质逐渐向电子介质过渡，许多有价值的信息不一定以正式出版的形式出现，而是以各种各样的形式存在于人们的日常交流中。图书馆员要进行文献信息的收集，就要深入到不同形态的信息中去判断其价值，决定其取舍。其次，用户的信息消费更趋智能化、个性化、多样化，图书馆员在进行信息服务过程中，要更多关注用户的需求特点，根据不同用户的不同心理、习惯、能力采取不同的服务方式。图书馆作为信息的集聚地，不仅是文献的汇集、信息的集散而且是信息的加工、创新思维的孕育。这就要求图书馆员加强信息素质教育，熟练掌握在复杂的信息中获取有用资料，为不同用户的信息消费者提供有效服务的能力。

（3）馆员终身学习的要求。现代图书管理人员必须掌握对信息的获取、理解、转化并生成新信息的方法。只有掌握了正确的获取信息、创造信息的方法，才能提高获取与创造知识的能力，才能使学习不再受时空的限制，自由地进行知识的整序、分析、研究和利用。通过信息素质教育获得敏锐的信息意识和较强的信息能力，掌握获取知识的方法和途径，进行终身的学习和自我完善。

3.信息素质教育的内容

（1）信息意识教育。信息意识是指人们对信息的思想观点和人的信息嗅觉程度，是人们对社会产生的各种理论、观点、实物、现象从信息角度的理解、感受和评价能力。信息意识表现为个体对信息的敏锐度，捕捉、分析、判断和吸收信息的自觉程度。信息意识强的人可以自觉产生信息需求，可以在众多的信息中捕捉到有用信息。图书馆员是信息的传播者和教育者，他首先要有敏锐的信息意识，才会有自觉利用信息的内在动力，对发现和传递信息才有一种积极的应对态度，是为用户提供信息服务。

（2）信息道德教育。信息道德是指个体在整个信息活动中具有的道德。在信息活动中要坚持公正、公平原则；尊重他人知识产权；正确处理信息创造、信息传播和信息使用三者之间的关系；恰当使用和合理发展信息技术，不非法摄取他人的秘密，不制造和传播伪劣信息等。要对图书馆员进行信息道德教育，学习、了解信息社会应遵循的法律法规，自觉抵制违法信息行为，随时以道德准则来规范自身的信息行为，预防在信息收集、加工、传播过程中发生信息泄密、信息犯罪等问题。

（3）信息能力教育。信息能力是信息素质的重要组成部分。图书馆员要学会对信息进行分析判断、去伪存真，去粗取精，要建立和掌握信息源，掌握信息检索的技术、方法、途径，能指导用户使用各种信息源和信息技术找到必要的信息，了解信息分析研究及成果评价的程序、方法，使之成为具有科学价值的新信息并传递、交流。

4. 开展信息素质教育的有效途径

（1）有针对性地进行岗位培训。对从事技术管理与应用者，开办计算机软、硬件技术应用与网络维护等培训班，使他们真正能肩负起图书馆的技术管理重任；对中级业务骨干，要对他们开展一些启发式培训，为他们创造参加各类学术研讨会的机会，不断优化其知识结构，提高信息利用能力。

（2）举办多种形式的文献检索专题讲座。开展文献检索专题系列讲座，使图书馆员掌握信息检索的基本方法、步骤；学习现代信息检索技术的新发展、新动向，使图书馆员既能通过传统工具书为用户提供信息，也可通过信息网络和计算机系统获取信息。

（3）边实践，边研究，不断探索图书管理有效办法，提高工作能力和水平。图书馆员要充分利用每一次信息服务的工作实践，把理论知识运用到其中，提高对信息服务的理解度和操作能力。培养获取信息的敏锐性和洞察力，强化信息收集、加工、传递能力。培养信息意识，改善信息道德，提高信息能力，完善信息素质。

（4）发挥高等教育作用，加强管理人员队伍建设。一是加快高校图书情报专业教育的改革和创新，转变教育观念，积极培养创新复合型人才，为图书管理人员队伍建设打好基础。二是图书馆要加强与高校的合作，有针对性地培训图书馆工作人员，使之全面系统地掌握现代信息处理技术，提高信息意识和能力。

总之，现代信息技术和网络技术的迅猛发展，对图书管理的工作技能和工作效率都提出了更高的要求。因此，图书管理员必须不断地优化知识结构，并从以上几个方面培养适应网络信息时代要求的综合素质，不断加强自身素质修养，以适应新时代图书馆发展的需求，为图书馆未来的发展不懈努力。

第四节 建立学科馆员制度

为推进高职教育质量的整体提高，自2006年起，教育部在全国范围开展了示范性高校的创建。这有力地推动了高校图书馆转变服务方式，创新发展模式。学科馆员制度正是适应这一要求。高校图书馆从学科建设，用户专业化、个性化服务，以及图书馆自身发展等多方面出发，把学科馆员制度逐步引入高校图书馆，从而使学科馆员制度成为高校图书馆新的服务模式。

一、学科馆员概念

学科馆员是指图书馆设专人以某一院系或学科单位作为对口单位建立联系，在院系、学科专业与图书馆之间架起一座桥梁，相互沟通，主动为用户有针对性地收集提供文献信息服务，为教学和科研提供有力帮助。我国最早是在1998年建立学科馆员制度，此后越来越多的高校也采用了这个制度。

二、高校图书馆实行学科馆员制度的必然性

1. 对新知识新信息的需求

在网络时代，读者对如何从浩瀚的、质量参差不齐的文献信息中获取自己所需要的服务需求在逐渐增大。高校各学科的教学科研人员以及学生对新知识新信息的需求越来越迫切，在信息载体技术、信息处理技术和信息传输技术的介入下，高校图书馆正在步入全新的读者服务新时代，提高高校图书馆馆藏资

源的利用率，解决读者对信息需求变化与传统图书馆管理之间的矛盾。

2. 变一般服务为主动服务

学科馆员制度是一种主动服务模式，学科馆员较传统的馆员具有较强的综合专业素质，知识面更为广博，还具备专业的图书情报知识，按学科类别分派相应的图书馆员，使服务变被动为主动，为读者更为合理地运用图书馆的馆藏资源起到有效的建议和引导作用，成为读者的得力助手，在提高信息资源的利用效率，充分满足读者需求的同时，为高校图书馆职能的充分发挥拓展了广阔的服务空间，真正体现出以人为本的服务理念。学科馆员是图书馆与高校各学院之间的桥梁。学院的建设和图书馆的文献资源建设是相辅相成的，学科馆员制度能使图书馆更好地为教学、科研提供综合服务，满足教学科研和读者的个性化需求。

三、学科馆员的培养

1. 学科馆员的职责

重点熟悉某个学科的图书文献资源并编写读者使用指南，负责某个学科的网络资源收集、整理并建立这些资源的网络主页，进行深度课题咨询解答，通过举办相关知识讲座，不断提高对口院系师生的信息素养，积极主动与对口学院保持联系，为对口学院的师生提供图书馆信息资源利用和培训服务工作，协助对口学院师生进行有关课题的文献检索等。

2. 深化服务

高校的图书馆员在做好普通服务的基础上，还要加强服务的创新，提升服务质量，进行深层次的服务。

3. 学科馆员密切与各学院的联系

学科馆员有时间和精力可以参与院校的科研、教学以及学院的各种学术活动中，与相关学院、实验室联系，为学科馆员提供必要的实验环境。

4.加强团队建设

学科馆员要有团队意识，要加强同其他学科馆员、部门、用户的联系，建立项目和责任机制。需要馆领导的强有力的支持和其他部门的积极配合。要有明确的思想，要有一个总体的规划，更需要有坚强的意志力和执行力。比如，可以实行岗位轮换，可以加强岗位间的交流和联系，有助于发挥每个馆员的积极性和创造性。因为图书馆工作是一项复杂的综合性劳动，需要各个环节相互配合，尤其是在网络环境下，岗位之间的依存性和制约性不断增强。

5.加强职业道德

图书馆要以"读者第一，坚持读者至上"为基本工作原则，以正确的劳动态度为核心，忠于职守，全心全意为读者服务。一个有职业道德的图书馆员，在为读者服务过程中，要一切从读者的利益出发，以读者利益为重，按照信息化的要求，发挥"信息导航员""咨询专家"的作用。

6.提高业务素质

网络时代的到来，使得信息数量增大，更新速度加快。资源环境的变化使得很多读者要在有限的时间内充分检索到需求的信息存在了难度。这时就需要有专业的学科馆员能够帮助读者进行检索。这就要求学科馆员不仅要具备学科专业知识，同时又要具备图书情报专业知识，在平时要不断关注学科前沿的信息发展及其变化，运用扎实的专业知识分析学科的现状，并为读者起到学科导航员的作用。最有效、最直接的提高馆员职业能力素养的方式是培训和参加学术交流活动。图书馆应该根据馆员素质结构和要求定期组织馆员参与国际国内、省内市内举办的各种培训班、学术研讨会议、学术讲座、专家论坛和馆际交流，提高素质，开阔视野，拓展思路。

7.外语人才和计算机应用人才

图书馆网络环境的普及和对多语种、多媒体信息资源的收藏，导致对图书馆员的外语水平和计算机应用能力的要求越来越高。学科馆员作为图书馆中具用较高素质的群体，更应具备较强的外语文献信息查询和评价能力，从而为图书馆用户选择和提供更多可靠的信息资源，为图书馆多语种馆藏发展提供建议和意见。学科馆员要能熟练掌握和运用网络和多媒体技术，进行信息浏览、发布；掌握网络搜索引擎工具，能够充分利用网络条件了解最新最好的信息资源。

学科馆员制度是一种主动的积极的服务模式，是一种综合性的服务，高校应因地制宜，创造条件，建立适合自己学院的制度，以促进学院更好地发展。

第五节　馆员与读者的交流

高校图书馆是高等院校一个不可或缺的重要组成部分，为教学与科研提供重要的支撑，是广大师生员工获取知识和信息的主阵地。目前在我国高校图书馆中，知识文献的传递主要是通过图书馆员的服务工作进行的。图书馆员为读者服务的过程，也是图书馆员与读者沟通的过程。

一、沟通在高校图书馆服务中的意义

图书馆的本质就是交流，交流的实质则是沟通。根据管理学理论，沟通是指信息发送者将信息传递给接受者，并且接受者对信息作出反应的过程。沟通意为两人之间意思的表达和接收。通过沟通，能使沟通的双方互相了解，互相理解，互相配合，协调一致，实现工作目标，或解决需要解决的问题。

服务是图书馆存在和发展的生命之源，是一切工作的重心，享受优质服务是读者对图书馆的最大要求，优秀的服务离不开图书馆员与读者的有效沟通。高校图书馆中，馆员与读者（主要是学生和教师）的沟通，能使馆员了解读者的基本情况，从而准确把握读者的需求，体会读者的感受；而读者通过与馆员的沟通，能了解图书馆的馆藏、文献信息资源、服务内容和项目、借阅规则以及馆员的服务能力、服务水平等。通过沟通，馆员提供优质高效的文献信息服务，而读者能满意地获得所需要的文献信息，进而提高图书馆服务质量，体现图书馆的社会地位和馆员的人生价值，这是馆员与读者沟通的目的。

二、影响图书馆员与读者沟通的因素

1. 馆员方面

现在高校图书馆中，馆员与读者之间的沟通往往存在这样或那样的障碍，图书馆员的业务素质直接影响馆员与读者的有效沟通，是沟通的保障。而有的馆员缺乏良好的职业道德和服务意识，不能真正树立"读者第一""一切为了读者"的观念。知识素质、文化素质、信息素质不高，缺乏对馆藏文献资源的了解，语言表达能力不强，计算机的使用不熟练，外语水平较差，等等。在与读者沟通时缺乏对读者的尊重、理解，往往站在个人的角度考虑问题，特别是对学生读者有一种居高临下的态度，使馆员与读者双方互相缺乏信任感，这些因素直接影响了图书馆与读者的沟通。

2. 读者方面

高校图书馆的读者主要是本校的学生和教师，读者素质较高，文化水平也较高，因此自身有一种优越感。同时，在读者方面，学生读者大多是独生子女，自我意识过强，对图书馆工作不太了解，不太懂得遵守图书馆的管理制度，不虚心学习，缺乏对图书馆员应有的尊重和理解，不能体谅馆员服务工作的辛苦。这些因素同样会影响读者与馆员的沟通。

三、如何建立图书馆员与读者之间的有效沟通

要实现高校图书馆员与读者的有效沟通，应当先从馆员做起。

1. 强化服务意识，尊重读者是有效沟通的前提

读者是图书馆服务的主体，图书馆的核心目标就是为读者服务。因此，图书馆员在服务工作中必须具有强烈的爱岗敬业精神，树立"读者第一""一切为读者服务"的观念和良好的职业道德观。尊重读者，信任读者，正如中山高

校图书馆程焕文先生认为的那样，"至关重要的是要转变观念，去激发人性中善的一面"，"要把读者定位在值得信赖和拥有完美人格的位置上"。同时，平等对待读者，关心读者，做到"热心""耐心""细心""恒心"。

2.更新知识结构，提高业务素质

图书馆员应加强图书馆专业知识的培训，同时根据自身的专业特长、学术水平，扩大个人的学科知识面。充分了解读者需求，对本校各系的专业课程设置、重点学科的发展动态、教学人员和教学科研情况有一些了解，不断提高自身的业务水平。

馆员想要与读者取得良好的沟通，首先要学点读者心理学，这是沟通的基本功。通过研究读者心理，了解读者，才能发现不同读者的阅读特点，熟悉他们的阅读需求，洞悉他们的阅读心理，针对不同的读者群，判断对方的身份、性格、兴趣等，采用不同的沟通方式，从而有针对性地提供优质的服务。

3.重视图书馆员与读者的沟通

（1）加强新生入馆教育：由于新生入学时间短，对馆藏不熟悉，兴趣极为广泛，求知欲望极强，应通过入学的图书馆教育及与图书馆员的沟通，使其了解图书馆的布局、馆藏特点、各类文献的收藏情况及利用价值、利用手段。图书馆可以组织讲座、座谈会等对读者进行培训，做好读者的引导、教育工作，使其树立正确文明利用图书馆的风尚，养成爱护图书的好习惯。

（2）建立多种沟通渠道：通过传统的高校图书馆员与读者的沟通，包括个别谈话、电话咨询、座谈会、问卷调查、设立意见箱等，听取读者的需求及对图书馆服务提出的意见、建议及批评，解决他们的疑难，使读者对图书馆有全面的认识。这些传统沟通手段，虽然沟通的范围和程度往往不够，容易受时空限制，但却积极、有效、直接。

（3）拓宽沟通的渠道：随着计算机在图书馆服务中的普及，大多数图书馆都建立了自己的主页，尤其是高校图书馆，网络使用成为一种趋势，可以利用网络技术展开与读者的交流和沟通，在图书馆主页上设立"读者留言板""读者信箱"等，或利用在线QQ和专家咨询系统等网络工具，多方面倾听读者的服务需求，广泛听取读者意见，及时反馈图书馆意见，以加强馆员与读者的沟通。

4.重视图书馆环境对沟通的作用和影响

美的环境对人有潜移默化的作用和影响，对沟通起着促进作用。一个经过精心设计的图书馆，有着和谐怡人的周边环境。在建筑空间上，具有美观典雅的建筑外形、适宜的光线；在建筑内部装饰装修上，通过色彩的搭配、层次的安排、风格的呼应，营造富有美感的物质环境；在功能布局和服务设施上，致力于营造具有亲和力和人性化的阅读环境，美的环境能陶冶人的情操。读者一走进图书馆，图书馆的建筑、设施、布局、绿化、馆藏资源等就在无声地感染着他，也在与他进行着无言的沟通。在宁静、整洁、幽雅、舒适的氛围中，读者处处能体会到图书馆的人文关怀，并激发本身的自律意识，与馆员沟通时就会心情愉悦，达到事半功倍的沟通效果。

除了上述措施外，还应在读者服务过程中训练沟通艺术。

第六节　引进馆员的问题及对策

一、图书馆引进高学历人才的负面影响

知识经济时代，新知识与新技术不断涌现，科技发展日新月异，使得图书馆员这一人力资本不断折旧。其表现就是图书馆员个体知识与技术的陈旧、过时，导致人力资本价值的快速贬值，大大削弱了竞争力。针对这一状况，当今大多数图书馆竞相引进各种高学历人才，以迎接时代的挑战。应该说，合理引进人才，不仅有利于发挥人才技术上的优势，也有利于促进图书馆的建设与发展。然而，也不能否认这样一个事实：引进人才是一把双刃剑，在给图书馆的建设带来活力的同时，还带来了一些负面影响。

1. 负面影响之一：图书馆原有工作人员情绪不稳，人心思去

现在，不少图书馆领导往往把眼光盯在引进的高学历人才上，对他们寄予厚望，把他们安排在技术岗位，给予进修、考察及升迁的机会，不重视甚至忽视原有工作人员的培养，这些人大多被安排在流通、阅览等部门"守摊"。这样做极易使原有的工作人员信心失落，产生"总把新桃换旧符"的感觉，甚至产生去意，造成"迎来了女婿气走儿"的局面。以某中型图书馆为例，该馆1993年总人数35人，截至2002年调走9人，占总数的25.7%，有去意但苦于无接收单位的或有接收单位而本单位不放的6人，占总数的17.1%，二者之和占全馆总人数的42.8%。这种状况，对图书馆的持续性发展是极不利的。它不仅拉大了原有工作人员在知识结构、学历结构能级等方面与技术部门人员之间的差距，也直接影响着图书馆服务质量的提高。

2.负面影响之二：高学历人才纷纷"跳槽"

由于近年来学术界对数字化不切实际的炒作，误以为网络化、虚拟化图书馆指日可待，过高估计用户利用和吸收文献信息的技术能力，致使许多图书馆不依据本馆实际需要盲目引进高学历人才。这种人才"高消费"现象带来的直接后果是：在当前毕业生就业形势较严峻的情况下，相当多的高学历毕业生到图书馆就业只是权宜之计。当他感到在图书馆岗位上不能发挥自己才能或者找到自己认为合适的工作时，便会寻机"跳槽"，另谋高就。当前许多馆的高学历人才年年有引进、年年有调出的现象，已是不争的事实。以至于有些馆采取一些有失公平的"土办法"阻止人才外流。而这样做，又压抑了人才的工作积极性，同时也不利于公平竞争机制的建立。

二、引进馆员的对策思考

上述负面因素的存在，势必影响图书馆读者服务水平的提高，挫伤馆员积极性，应引起高度重视。

1.领导层要转变观念，正确处理现代化服务与传统服务之间的关系

图书馆作为文化教育机构和文献信息中心的性质和地位，为读者服务是根本。无论你的馆舍规模有多么宏伟，设备多么现代化，拥有多少高学历人才，目的都是要为读者提供优质服务。既要重视内部技术工作，也要重视流通阅览服务工作；既要发挥高学历、高职称人员的骨干带头作用，也要激发中低学历、低职称人员的工作热情；既要搞好现代化建设，也要重视对人的培养；既要对年轻同志加强引导，培养他们工作主动性和责任感，克服浮躁心态，发挥聪明才智，也要对老同志注重更新其知识结构，全方位提高图书馆人员素质及服务水平。

2.重视在职培训，是招留人才的良方

知识管理专家玛汉坦姆仆经过大量的实证研究认为，科技人员重视的前

四个因素分别是：个体成长，40%；工作自主，30%；业务成就，22%；金钱财富，8%。中科院心理所的专家研究发现，工资和奖金因素在影响工作的重要性排列中列第六位、第八位，列第一位的是成就感。可见对人才的吸引力并不仅限于物质条件，更在于他是否能提供更多的发展空间。对于图书馆员来说，如果他们认定图书馆的未来有较好的发展或能为自己提供好的成长机会时，他们就会产生较高的成就动机，充分调动自身积极性，为图书馆事业奉献自己的力量。因此，图书馆应为每个工作人员提供公平的在职培训机会，降低人力资本的折旧率，增强竞争力。在这方面要舍得花本钱，不要怕馆员在接受培训之后弃馆而去，给本馆造成损失。只要采取一种宽容、开放和注重人员培训发展的理念，就一定会人才兴旺。在职培训有多种形式，如定期岗位培训、学术交流和考察访问、参加国内外学术会议、参观学习、进修等。应鼓励学历教育，创造条件让工作人员获得双学位、硕士和博士学位。

3.图书馆在整体发展中应有更多的分工和合作

在美国的许多图书馆中，没有纯粹的技术人员。图书馆的现代化技术和设备由专门经营有关业务的商业机构来提供。美国的Sirsi、VTLS、Innopac等机构为美国图书馆的现代化做出了重大贡献。而我国则很少有这样的机构，就是有也难以得到国家的支持。但在每一个图书馆中都有自己的一批高学历技术人员。这种各自为政的方式，既浪费人才，也难以提高水平，还会造成各种不应有的矛盾。这种状况应该扭转。实际上，这种分工和合作本身也是图书馆走向社会的重要体现。

第七章　高校图书馆读者服务

高校图书馆在辅助教学和科研工作中发挥着至关重要的作用，而在图书馆综合服务工作中，读者服务工作是图书馆服务工作中的核心构成元素。高校图书馆的读者服务工作是指围绕师生员工在使用馆藏图书过程中的各项要求而进行的各项直接为读者服务的活动，是图书馆的日常工作，是图书馆的最基本职能，也是图书馆赖以生存的基础和图书馆一切工作的出发点，不断提高读者服务工作的质量和水平，是当前高校图书馆迫切需要解决的问题。

从高校图书馆管理实际分析，读者的需求是图书馆管理工作开展过程中的重点研究部分。随着时代的发展，信息社会对图书馆读者服务的要求越来越高。高校图书馆读者服务工作在服务范围、服务模式、服务手段及读者信息需求等方面发生巨大的变化，图书馆面临着各种机遇和挑战，如何变被动服务为主动型服务，是图书馆服务工作的一个重要难题。因此，如何做好读者服务工作，尤其是高校图书馆读者服务工作，是新时期高校图书馆不断探寻和解决的问题。这就要求图书馆的读者服务工作转变服务观念，结合新形势下图书馆读者服务工作中呈现出的新特点探索读者服务的创新发展策略，采取一些行之有效的新方法和措施，为读者提供全新的服务模式，为高校教育科研工作的顺利推进提供良好的支持。

第一节　读者类型与需求特点

对高校图书馆读者的信息需求进行分析，是高校图书馆更好地开展服务工作的前提。分析读者的信息需求，掌握不同读者群的信息需求特点及规律，有助于优化信息资源的建设和明确信息服务工作的方向。探讨信息服务策略，有助于提高高校图书馆信息服务质量。

1.高校图书馆信息读者对信息需求的特点

根据高校信息读者职业特点与对信息的需求，可将高校信息读者分为三类：教学与科研人员，主要指在高校从事教学与科学研究的人员；学生，主要指在校的研究生和本科生；管理人员，指高校中各级管理与决策人员，包括学校各级党政领导、一般政工人员、学生专职辅导员；其他专职人员，如财务、审计、后勤总务、医务人员等。

不同类型的读者对信息的需求具有不同的特点。

（1）教学和科研人员读者对信息的需求特点

教学和科研人员读者从年龄结构上，可以分为老年、中年、青年三个层次。他们的知识结构以及承担的工作任务不同，所以他们对信息的需求有所不同。

老年读者长期从事高校的教学和科研工作，他们积累了丰富的经验、雄厚的基础理论和扎实的基础知识，是学校里教学科研的主导力量。他们主要负责著书立说、带研究生、编写教材、培养高级人才的任务，同时，也承担了一些重要科研项目。他们对信息的广度要求不那么迫切，而迫切需要的是在学科范围内对一些重要问题提出的新思想、新观点、学术前沿、理论热点、学科发展新动态等。他们需要专业性强、理论层次高、少而精的科研和教学方面的信息，他们对信息的需求主要集中在国内外核心期刊以及学术会议文献。

中年读者处于教学和科研的第一线，是高校当中教学科研的骨干力量。他们有着扎实的专业知识，有丰富的教学经验和较高的学术水平。对文献资料的需要主要集中在本学科和专业有关的书刊文献，他们的信息需求多半是个性化的专业学术信息，而且具有时效性、新颖性和前沿性。他们关注科学发展的最新动态和前沿成果，对新成果的信息收集较为重视，以便及时地传授给学生，使教学内容充满时代气息；另一方面，他们在课题研究选题时，信息需求的主要特征是学科的前沿性信息，以便在选题时能够在大量掌握学科前沿情报的基础上，保证科学研究的创新性。在文献类型上，他们利用较多的是中外文期刊和一些相关的专著。

青年读者是高等学校教学和科研工作的新生力量。他们由于工作时间较短，教学经验较缺乏、科研积累少，是最大的信息需求读者之一。在教学方面，他们急于扩大本学科领域内的知识面，充实基础知识，以加强对教材的理解和运用，了解和掌握先进的教学方法，他们对信息的需求广泛，信息需求欲望比较强烈，涉猎最多的是各类教材、教学参考资料、教学经验总结和教学研究方面等情报信息。科研方面，他们申报课题，需要了解所研究领域内的发展状况以及国内外的研究趋势，查阅了解某一领域内已有的研究课题，并了解哪些课题有现实意义而且尚待深入，哪些课题已有成果而避免重复，依赖于文献情报，尤其是理论性较强的一次文献，如学术专著和专业期刊等。

（2）高校学生读者信息需求特点

高校学生读者是高校图书馆读者中最为主要的读者群体，研究和分析他们的需求特点，满足他们的信息与知识需求，是高校图书馆读者工作的重要部分。

我国的研究生教育，一般在第一学年，重点完成基础课程的学习，此期是研究生以学习为主、打好坚实的学科和专业基础的阶段，需要阅读本专业大量的学术专著，对基础性较强的文献资源需求量很大。在明确研究方向后，研究生的文献需求重点开始集中在与研究方向有关的资料积累上，并将成为其以后学习和研究的最基本的资料。在科研和学位论文写作阶段，研究生更关注的是本学科的发展动态及最新的研究成果，以及涉及试验、论文写作的中外技术类、方法类和统计分析类文献的需求，此期间的专业文献需求最迫切，需求量和强度最高。研究生读者的信息需求具有专业性和阶段性的特点。

大学生读者对教学用书的需求有稳定性、集中性和阶段性的特点。由于专业的设置和教学计划的安排以及课程开设、教学内容体系等限制规定了教学用书的基本范畴，使得教学用书在大学生读者当中具有相当的稳定性。教学用书的集中性表现为使用的种类和复本集中、读者数量集中和利用时间集中。在大学教学过程的各个阶段，教学用书呈现出周期性循环的使用状态，有较强的阶段性特点。另外，大学生读者思想活跃，对新鲜事物和精神文化生活有很高兴趣，除了结合教学内容阅读文献之外，大学生读者根据个人爱好，还会广泛涉猎大量的课外书籍。尤其是文学作品，还有市场上出现的各种畅销书，深受大学生读者的欢迎。在文献类型上，大学生读者利用较多的是纸质文献。

（3）管理人员读者信息需求特点

管理人员读者结构比较复杂，但他们对信息需求有着共同的特点：大都围绕本职工作和兴趣而产生信息需求，除决策人员比较重视通过有序渠道获取信息外，其他管理人员对信息的流通渠道要求不是很严格，而是注重信息的实用性。总的来说，管理人员读者对相关的管理经验和与本职工作相关的文献资料需求比较广泛，强调信息的针对性和指导性作用，其目的在于提高自己的专业素质和业务能力。例如，决策人员希望及时了解国内外教育科技动向、现代教育理念，关心政治经济政策、动态，以及社会对人才需求格局的变化，他们对有关教育改革的方针、政策、教改经验和总的发展趋势等方面的综合性文献尤感兴趣。又如，专业辅导员读者主要从事德育工作，负责大学生日常思想政治教育和管理。他们对信息的需求主要围绕思想政治教育专业知识、管理学知识和心理学知识等。

（4）校外读者信息需求特点

校外读者主要包括附近社区的居民，部分职业资格考试类读者和少部分业务课题研究类读者。附近社区居民属于大众休闲类读者，且老年读者居多，到馆的时间时而确定时而不确定，绝大多数是出于休闲的目的来图书馆，对信息需求无明确性，其主要是进行馆内报刊阅览和图书外借等。职业资格考试类读者多为具有一定工作经历的从业人员，专业性较强。为了升职和工作的需要，备考各专业门类的职业资格证书，对信息需求具有学科针对性，且过了考试期，很有可能再也不会到图书馆来。业务课题研究类读者群体大多为企事业单位的专业技术人员，经常承担一些课题研究或企业新产品开发、技术改造等工作，其特点是学历层次较高、专业类别广，所需求的信息以专业基础和应用型知识为主。

2.读者信息服务策略

（1）更新观念，树立以读者为中心的信息服务理念

服务思想是高校图书馆事业的心脏，图书馆的全部工作的价值是靠读者来实现，图书馆人价值的高低取决于其提供的信息服务质量，服务质量的高低在很大程度上取决于服务理念。为此，将现代信息服务理念融入高校图书馆工作中，让"读者第一，服务至上"的思想深入人心，并使之渗透到服务规范、制度、程序及礼仪之中。图书馆要摒弃传统的"守摊式"服务方式，馆员应该走出图书馆深入到读者中去，了解读者，想读者所想，急读者所急，不断增强服务意识，充分发挥文献、人、设备的作用，最大限度满足读者信息需求。

（2）深入调查，加强对读者信息与知识需求的收集与分析

深入调查，定时收集不同读者的信息需求情况，对读者信息需求进行有效研究，加强对读者信息与知识需求的收集与分析，及时了解和掌握不同读者的信息需求情况，从而有效地提高高校图书馆的信息服务工作。调查工作采取多种渠道和方式进行。例如，每个学期图书馆应提前从有关部门了解和掌握全校各个专业的设置和课程安排以及各种课程选修的学生人数等情况，把相关学科的文献资料、教学参考书、教学辅导资料目录编写成册，及时将各个学科的文献目录手册发送到相应的学生和老师的手中；建立和完善沟通机制，定时发放信息需求调查表和召开各类信息读者代表座谈会；通过院系图书馆或资料室经常性地了解教师的需求和意见；建立读者档案，分析各读者到馆频率和借阅文献的方向和内容；认真统计和分析拒借率；在各院系发展"图情教授"，通过"图情教授"，随时了解和收集读者尤其是教师读者的信息具体需求，以便

使图书馆信息服务更有针对性。

（3）优化藏书体系，侧重学校的专业特色和科研

根据需求，及时做好藏书采访补充工作。补充藏书文献应以学院学科设置、相关专业领域、教学计划、科研目标和提高师生人文素质等为依据，坚持以专业性的文献资料为主体，适当兼顾其他科目文献为辅的原则。高校图书馆的馆藏首先要满足教师和学生读者的教研和学习的需要，重点收藏本校开设的各专业的文献，及时补充最近出版的内容新、信息与知识新，处于学科前沿的和最新研究成果和方向的各学科文献。其次，要重视各类读者尤其是学生读者青睐的人文类图书、中外文学名著、名人传记等图书的馆藏。这类文献对提高人们的人文素养，丰富人们的精神世界、陶冶高尚的情操一直起着突出的无可替代的重要作用。而且，这类文献在高校图书馆中的流通率和利用率仅次于教学用书类。另外，适当增加市场上出现的各种畅销书。畅销书的特点是符合当前人们的阅读口味，是人们关注的热点之一，反映了特定历史时期人们的精神状况、社会思潮与变迁，其内容质量在满足读者阅读需求方面，必定有其出众之处和可读之处。

（4）加快馆藏信息与知识资源建设，开发利用网络信息与知识资源

加强信息与知识资源建设是高校图书馆搞好信息与知识服务工作的前提和保障。网络时代，高校图书馆的馆藏资源已不仅仅是本馆收藏的文献资源，还包括互联网上的一切可利用的信息与知识资源，异地电子文献的利用已成为图书馆文献信息与知识资源建设的主要内容。因此，高校图书馆一方面要根据自己现有馆藏的实际情况，结合本校的专业设置及专业调整建设方向，合理利用经费，有计划、有步骤地购买电子信息与知识资源，并使之成为本馆信息与知识资源的重要组成部分。另一方面，根据实际情况建设自己的特色数据库。同时，充分发挥高校图书馆人才优势，加强高校图书馆主页建设，利用高校图书馆专业人员在长期的信息与知识服务中积累起来的收集、整理、查询、分析信息与知识等丰富技术和经验，开发利用网络信息与知识资源，对网上各种信息与知识资源进行合理采集，进行深层次开发，将搜集到的信息与知识进行筛

选、分类、归纳和整理，按照一定的主题组织整合，使得大量随机的、无序的信息与知识资源转变为特定读者需要的序列化的有效信息与知识资源，提高网络资源的专业性、集成性、针对性，不断丰富馆藏资源。

（5）多渠道、深层次地开展信息与知识服务

高校图书馆不仅要搞好日常的读者服务工作，设法为读者创造宽敞舒适的阅览环境、开放式的借阅条件，方便快捷的借阅手续，开展网上参考咨询等常规服务，还要根据不同的信息需求，多渠道深层次地开展信息服务。高校图书馆应设立学科馆员。学科馆员要主动与某一院系或科研人员进行对口联系，主动为读者提供有针对性的文献信息与知识服务，跟踪科研课题的进展，深入了解他们的需要，设计定题服务方案，建立定题服务数据库，做好科研课题整个进展过程的定题跟踪服务。高校图书馆还应充分利用高校的人才和技术资源，与信息与知识管理专任教师或教育技术专业人员合作，研发合适的数字化咨询服务系统，运用现代信息与知识技术，如信息定制、信息推送、信息跟踪、信息挖掘等技术向读者提供针对性的信息服务，以最大限度满足读者个性化的信息和知识需求。尤其要针对高校学生读者的各种阅读特点，及时补充所需文献，不断完善馆藏资源，提供必要的教学参考文献和大量的精良的课外读物，为学生读者创造良好的阅读环境和条件，吸引大学生读者利用图书馆，并通过各种宣传、辅导、教育方式提高大学生读者的阅读兴趣、阅读技能和信息素养，使图书馆真正成为大学生智力开发和人才培养的第二课堂。

读者是信息需求的主体，读者的信息需求决定了图书馆的服务方式与内容。图书馆只有了解自己的读者信息需求，并针对性地为读者提供信息服务，才能不断提高高校图书馆信息服务工作的质量和效率。

第二节　高校图书馆读者服务工作的现状

高校图书馆是知识、情报、信息的传播中心，是学校进行素质教育的主要阵地之一，在大学生素质教育中有着特殊的地位和作用。所以，高校必须结合自身办学特点大力抓好图书馆的建设，以促进素质教育的开展与深化。

一、高校素质教育的内涵

素质教育是一种全新的教育理念，是以提高人的素质，进而服务于社会为目的的教育，即以提高国民素质、实现社会发展目标为宗旨的教育。国务院《关于深化教育改革全面推行素质教育的决定》明确提出，高等教育实施素质教育要以培养学生的创新精神和实践能力为重点，要让学生感受、理解知识产生和发展的过程，培养学生的科学精神和创新思维习惯，重视培养学生收集处理信息的能力、获取新知识的能力、分析和解决问题的能力、语言文字表达能力以及团结协作和社会活动的能力。

二、高校图书馆在大学生素质教育中的优势

1. 资源优势

高校图书馆具有丰富的各种载体的馆藏资源，为开展素质教育提供了物质基础。丰富的馆藏资源吸引着求知欲望强烈的大学生，大学生可通过多种渠道和手段来获取自己所需要的信息，为素质教育提供了充分的保障。

2.技术优势

高校图书馆现代化设备比较完备，为大学生素质的培养提供了技术保障。高校图书馆借助丰富的知识存储和先进的计算机应用技术向大学生提供各种文献信息服务，通过各种手段和途径收集信息，开发网络资源，电子阅览室、视听室、多媒体阅览室为大学生提供查阅信息资源的场所，先进的信息检索设施为学生提供了实践的手段。

3.人员优势

高校图书馆拥有一批理论和实践均十分丰富的高素质的馆员，他们具有加工、处理、组织、检索信息能力，具备敏锐的信息意识，熟练使用各种信息工具，他们是大学生素质教育的领航员。

4.环境优势

图书馆高雅的文化环境和文明的服务氛围，对培养大学生良好的思想道德起着决定性作用，使他们在学习中领会人生的真谛，调适自己的偏颇，约束自己的行为，逐渐完善自我，提高自身素质。对学生来讲，这种教育行为是一种无声的示范，是潜移默化的促进，能激励学生树立良好的学风和积极向上的人生态度。

5.辅助优势

图书馆是学校师生进行教学科研的辅助基地，图书馆的教育形式与课堂的教育是完全不同的。从某个角度来说，目前我国的课堂教育是为完成教育任务和达到某一种标准学术要求而进行的教育，是被动教育。而图书馆教育是根据学生的爱好、兴趣，对课堂教育给予补充的教育，是课堂教学的延伸，其教育形式更为灵活，既能通过图书资料帮助学生在专业领域里迅速提高，又能拓宽学生的知识面，培养学生的独立性、创造性和开拓性。

三、高校图书馆服务中存在的问题

1.馆员服务意识淡薄，责任心不强

流通工作是图书馆工作的核心，"读者第一，服务至上"是图书馆工作的宗旨。但是由于根深蒂固的"以书为本"意识，部分馆员还存在着"我是图书的管理者，而不是服务者"的观念。接待读者态度傲慢，由于精神不集中，工作常出错误：把读者要还的书漏还；读者借的书却没有读进计算机；续借的书当还书处理了……有时工作人员操作不当，进行借阅操作时未能认真核对每一笔扫过的记录，及时清屏，发生漏还或漏借现象，甚至将后一读者的书借到前一位读者的借书证里。

2.读者不了解排架方法而随取随放

由于读者缺少图书分类知识和不了解馆藏排架方法，查找图书都是看书名的多，按图书分类法查找的少。一些读者在查找图书时，发现一本好书后随手将手中的图书随意放在书架里，造成错架；还有读者在查阅图书时无目的随意取书，一下子拿下几本书，比较之后或拿不定主意而随意乱放不需要的图书，使得这些书很难回到原架位，造成错架的现象。

3.有意藏匿

由于借阅册数有限，一次不能把自己喜欢的图书全部借走，但又怕别的读者把这些图书借走，于是读者有目的地将其所需图书收藏在另类书架的隐蔽处，以方便自己下次借阅，造成错架的现象。

4.乱架产生馆读矛盾

在开架模式下，读者可以直接进库翻阅、查找图书，因而图书书标容易破损、残缺、脱落，工作人员有时不能即时修补。因为图书书标不清晰，读者无法将书放回原位而胡乱放在别的书架上，以致虽检索到可供出借的图书时却找不到书。馆员疏于巡库，错架、乱架图书没有及时调整归位；有的图书因丢失、剔旧或者因破损下架，而又没能及时更改数据库的记录，出现了查询记录和实际情况不一致的矛盾。

四、高校图书馆要积极开展服务创新，为大学生的素质教育提供保障

网络环境彻底改变了图书馆的传统服务方式。为了适应时代变革的需求，图书馆界提出了"读者第一，以人为本"的理念，图书馆员如何将这一理念付诸实践，如何提高文献服务质量，不仅关系到图书馆的形象，而且可能涉及图书馆的生存和发展。因此如何适应网络环境，创新服务理念，更新服务内容，提高服务效能，已经成为高校图书馆读者服务工作必须解决的问题。

1. 提高图书馆工作人员的职业素质

图书馆工作人员是图书馆形象的代言人，馆员服务态度的作用是不可低估的，读者受到不同态度的服务会产生不同的心理，而不同的服务态度会产生不同的效果。读者对图书馆的服务是否满意，主要是通过图书馆员的实际工作来感受的。根据笔者的观察，读者的不满情绪有很大部分是由于图书馆工作人员态度冷淡、严厉、不耐烦、爱搭不理而使读者自尊心受到伤害引起的。这就要求在读者服务工作中，应加强图书馆工作人员的职业素质，理解读者、尊重读者，加强与读者的沟通，培养图书馆工作人员角色换位思考的习惯。如果你是读者，你希望得到图书馆工作人员什么样的服务态度？答案是肯定的，那就是热情、耐心、和蔼、负责任的接待与帮助。热情、耐心、和蔼、负责任就是一个图书馆工作人员应具备的职业素质。一个具备良好职业素质的图书馆员，才能从工作中发现服务的不足，也才能采取相应的措施进行补救。

2. 加强馆藏文献建设的和谐发展

图书馆馆藏建设的问题也是读者不满的一个原因，有些图书馆馆藏结构不科学，藏非所需，需非所藏，不能满足读者的需要。随着社会的发展，学科发展和专业调整速度的加快，文献资源建设工作无论形式和内容都发生了重大的变化，建立馆藏与学科发展之间的和谐，满足读者的需求，图书馆首先要及时

把握学科发展的动态和趋势，以及重点学科最新的研究成就、发展状况，深入调查了解读者和读者的需求，对馆藏文献建设的目标、内容范围、文献载体及具体操作方法等加以科学规范，制定出符合读者需要的馆藏建设的规划，通过各种方式、各种渠道，有目的、有重点地进行系统性、连续性、全面性收集入藏文献。总之，科学的馆藏文献建设是服务创新得以实现的物质保障。

3.加强图书馆多样化服务

不同的读者有不同的需求，读者都希望按照已经习惯的方式得到多种多样的各种不同服务，只有服务方式的多样化，才能满足不同读者的多种需求，读者的需求得到满足，自然会对图书馆的服务给予很好的评价，如果图书馆服务方式有限，读者的要求得不到满足，读者就会对图书馆产生失望的心情。因此站在读者的角度，给读者提供快捷、有效的服务是图书馆顺应时代的要求。多样化服务的好处在于，当读者的某种需要不能得到满足时，可以用另外的方式补救。

4.加强图书馆个性化服务

图书馆的个性化服务，即对读者的独特信息需求进行针对性服务。它不仅要能对读者提出的要求提供最确切的信息服务，还要能够预测可能的个性发展，主动收集相应的信息。依据读者的个体个性特征、知识结构、心理倾向、信息需求和行为方式等来充分激励读者需求，促进读者有效检索和获取信息，并在此基础上进行知识创新。

就信息服务形式而言，有四种服务值得关注：

（1）网络智能知识服务

这种服务不同于一般信息的告知，它所告知的是高层次的个性化信息，紧密结合知识自身的特点设计，具有可增长性与实效性。

（2）推送拉取服务

这是个性化信息服务的重要形式。推送即自动收集读者需要与可能需要的信息，将其推入计算机，促使读者高频率地发掘利用自己需要的信息。其技术方式：一是利用电子信箱，人工参与推送，二是由智能软件完成全自动化信息推送。拉取可提供网络信息检索效率，简洁方便，其类别有分类目录、网页搜索、多元搜索等。

（3）垂直信息服务

垂直信息服务指专而深的信息咨询，即个性化的咨询，具有专门化、创造性的形态。在整个研究过程中，从选题、定题到收集广泛的信息都需要咨询等支持。

（4）呼叫中心服务

利用通信网、计算机网的多功能与读者连为一体。读者接入呼叫中心可以选用固定电话、IP电话、传真、计算机，呼叫中根据所存的读者资料，定期向读者发布最新信息。

具有人性内涵的高校图书馆个性化服务，无论是从服务理念、服务模式、服务质量和效率，还是具体到每一个服务细节上，都能让读者在获取图书馆高价值知识信息的同时，感受到充分的人文关怀和精神享受，感受到图书馆的价值理念和文化底蕴。

第三节　高校图书馆读者服务工作创新

服务是社会发展的驱动力。社会的人与人之间、群体与群体之间正是通过服务活动维系着彼此的存在与发展。图书馆作为文化教育机构、社会文献信息中心的性质与任务决定着它以服务社会、服务读者为根本宗旨。它的基本职能就是直接或间接地满足读者需求，体现于图书馆各项工作的出发点和归宿点都立足于服务。图书馆作为人类文化传承的中心，拥有着丰富的馆藏文献知识，在提升国家文化软实力方面有义务也有责任担当重要的角色。此时应该与时俱进，抓住机遇，进行创新性研究，让图书馆在文化建设中发挥应有的作用，也让图书馆服务水平得到一次质的提升。

一、馆藏体系构建中的服务创新

馆藏是图书馆服务的源头，读者来图书馆就是因为图书馆拥有大量文献知识，即丰富的馆藏资源。馆藏体系的优劣是决定读者期望的重要因素，构建科学合理的馆藏体系结构是图书馆服务工作的前提。在数字图书馆的今天，电子期刊和馆际互借服务已成为图书馆服务中不可或缺的重要组成部分。图书馆的馆藏必须从重收藏向重获取转变，图书馆的服务也面临着从"有备无患"向"及时供给"的转变，本馆不能提供文献的，可以通过馆际互借等形式提供给读者，或者是提供获取文献的途径。获取是拥有的外在延伸，而拥有则是获取的内在基础，图书馆要在拥有与获取之间取得一个最佳平衡点，使图书馆的经费得到最合理最充分的利用，最大程度满足读者对文献资源的需求。

采访工作是图书馆馆藏体系建设的重点，采访工作最应该创新的就是如何买到读者想要的书。图书馆可以通过网站让读者推荐图书，也可以通过读书论坛的方式收集反响好的图书。图书馆有了购买的目标图书之后，有些图书可以在图书馆统一招标时买，有些则要通过邮购的形式及时采购。书买回来之后要及时出新书通报，针对留有联系方式的单个读者还要采取短信、电子邮件等方式告知他们推荐的书已买到或是因某些原因无法采购。总之，图书馆采访推荐工作不要虎头蛇尾，既要提高读者参与的积极性与图书购买到的成就感，又要让他们感受到图书馆对他们意见的充分尊重。

编目工作是图书流通的前提，不要死搬教条，可根据实际情况制定符合本馆情况的编目细则，为读者提供尽可能多的检索途径。编目工作看似太过专业，与读者也不太搭边，其实不然，一些小小的编目细节也体现着图书馆的服务水平，体现着图书馆对读者的关爱。比如图书标签，因为图书在书架上都是竖着放的，所以书标要尽可能横向贴，分类号、种次号要尽量写在书脊这一面，这样读者就不用歪着脑袋来找书了；有的图书馆书标是人工书写的则要尽可能工整，漂亮的书法体现在书标上也给读者一种美的享受，编目员的草书对读者来说无形中增加了辨识难度，降低了图书馆在读者心目中的分量。

二、馆舍布局从细节上提升

谈到馆舍首先就要考虑图书馆的选址，从照顾读者的角度出发，要选在离读者近，并且不能太过喧嚣的地方。很多图书馆的建筑设计也给读者以美的享受，甚至成为城市的标志性建筑，这对提升图书馆的形象与在人们心目中的地位都有无形的价值。随着政府对文化事业投入的增加，各图书馆要抓住时机，建设好一批代表性的大型图书馆与深入社区的小型图书馆。

除了图书馆整体建筑之外，馆内的布局与装饰更重要。图书馆布置好并不难，难的是推陈出新，及时跟上时代的步伐。图书馆建筑空间的布局要考虑到读者使用的方便与人性化，图书馆的一楼一般是读者最先到达，也是必须经过的地方，一般可以设为综合服务区，尽量集中除借阅以外的各种读者服务，包括办理阅读证、还书、理赔处理、参考咨询、书目查询以及投诉接待等业务。这样既符合读者到馆的使用流程，也便于新读者了解图书馆的使用方法。借阅部门则按读者使用量多寡合理安排楼层分布，比如说期刊阅览室尽量安排在较低楼层，让人流更多更快；一些需要着重收藏的古籍文献或其他珍本、善本等因为需求量小就可以往高处安排，这样也有利于防潮与文献的保存。

馆舍除了大的布局要充分考虑读者方便以外，馆内标识的使用、小件物品的配备、绿化设施的布置也很能体现图书馆的人文关怀。馆内标识相当于对图书馆的说明书，应使图书馆的分布和使用方式一目了然，设置得当可以使读者免去很多不便。还可因不同的状况给出温馨提示。例如，进入图书馆注意调整手机铃声状态；雨天地面有积水，提示读者小心路滑等。当冬天来临之时，阅览室可多准备一些热水；当老年读者来馆阅览时，递上一个预先准备好的坐垫；阅览室、咨询室、自修室等窗口可准备一些纸张、笔、纸巾、老花镜等，以备读者不时之需。东西虽小，却体现了对读者的人文关怀，拉近了读者与馆员之间的距离，图书馆也将因这些小物件的增设而生出一抹融融的暖意。现在的图书馆一般空间都比较大，在适当的地方安排一个小花园，或者在有的地方添几盆花或其他的植物也很能影响读者的心情。这些看似简单的布置，让读者乐于常来，既可学习之，也可为休闲放松心情而来，从而获得读者的好感。当然，图书馆布局也不是一成不变的，在适当的时候还要做到推陈出新。

书库与阅览室的布置是馆舍的重要组成部分，也有很多影响读者服务感受的地方。书刊摆放做到干净整洁，阅览桌的摆放要注意采光，桌子间的疏密度适中。把胶皮一类的东西粘在椅子腿上，可以减少椅子挪动发出的声音。图书馆的阅览区域还分安静学习区和供读者讨论问题的研究室两部分，这样的设置既有利于读者检索文献和讨论问题，又不影响其他读者的安静阅览，还有利于图书馆工作人员进行管理。在书库的布置上也有很多可以注意的细节。图书馆可以把一些入库新书、热门书及高频使用的图书集中放在专用书架中，并根据读者的需要及时更新。关于排架与预留空架的问题，最好先统计一下图书馆各类书的比例，种次号大的往往是进书量较大的，要多留空架，以避免频繁地倒架。还有就是现在的书架一般较高，要提供取书用的小梯子，最上一层以及最低一层可以调换那些即将要下架或借阅率较低的书，不一定硬要按种次号依次排下来。这些看似很小的细节，却处处体现着图书馆"以人为本"的服务理念，影响着读者对图书馆服务的评价。

三、为读者提供人性化、个性化服务

读者是图书馆服务的对象，是图书馆服务质量最直接的感受与评价者。图书馆要提倡"以人为本"的服务理念，它要求图书馆的服务要符合人性，在服务过程中要认识人性，重视人的尊严与价值，包容人的弱点，关心残疾人。馆员要以身作则，为了有效地减少噪声源，在工作期间避免穿容易发出响声的鞋；工作交谈尽量用耳语；搬运、摆放图书时要轻拿轻放；推动书车时，速度要慢；打电话时最好找一个僻静的地方。语言作为人际交往的重要工具，馆员在工作中的运用将直接反映出个人修养和服务境界。馆员亲切温暖的话语，会让读者倍感亲切，也可避免沟通服务中有可能发生的矛盾，因此，用词方面应以温和、礼貌为基调，以劝阻为主导，如"请""请勿"等，切忌居高临下，动辄用"禁止""不准"等生硬冷漠的词汇。读者直接询问馆员有没有某本书时，如果没有的话最好还要能指出适当的代替书供读者选择，这就需要馆员对馆藏有一定的了解。对于常用的服务用语，图书馆最好将其规范化，要求馆员牢记在心，并提高馆员普通话水平，严禁使用地方方言。礼貌文明用语也许大家觉得没有什么新鲜的，但难就难在坚持，尤其是在个人心情不畅、有烦恼之时还能面带微笑地用文明礼貌用语服务就是一种修养、一种境界了。

实现"以人为本"，倡导人文关怀，实行人本和谐管理，充分发挥人的主观能动性，提供人性化服务，是现代图书馆管理工作的一个发展方向。在管理中引入"以人为本"理念，是图书馆管理工作的新思维、新理念，也是图书馆管理工作的必然趋势。

以读者为本，转变管理和服务理念，以内蒙古工业大学图书馆为例：

1. 与时俱进，转变管理模式

图书馆践行科学发展观，转变管理和服务理念，全面实行"大开放、一站式"管理模式。新的管理模式打破了实施多年的半封闭模式，给图书馆的发展带来了生机，为广大读者打造了舒适便捷的借阅环境，新的管理模式取得了"五增五减"的新成绩：

（1）入馆读者量增加，违规读者量减少

在"大开放、一站式"管理模式运行50天的时间内，入馆读者72947人次，与去年同期入馆46963人次相比增加25984人次，增长率55%，入馆读者量大幅度增加，各阅览区域经常是座无虚席，阅读与学习氛围浓厚。与此相对，随着入馆读者人次的增加，违规用书读者量却大幅减少。新管理模式运行以来，未发生一例恶意违规用书现象，基本解决了原有管理模式下时常发生的偷书、撕书、划书、藏书等恶意违规顽症。

（2）图书内阅量增加，借书量与超期还书量减少

随着读者入馆人次增加，图书内阅量翻倍增长，图书利用频率大大提高。打破了原有管理模式下受入馆条件限制，很多情况下读者只能将图书借走阅读，造成没必要外借却外借的图书增多、超期还书较多的困局。新的管理模式下，读者可携带个人书籍入馆，大多数图书可以在阅览室内阅读，不必再借出阅读，减少了借书量与图书损坏概率；同时，借书量减少，带来超期还书量大大减少。图书在馆时间明显增长，进而增加图书流通频次，提高了利用率。

（3）带包入馆读者增加，存包柜使用问题减少

新的管理模式下，读者可携带书包入馆借阅，打破了原有管理模式下不

准带包、书籍入馆的规定，使得学生能够在下课后立即入馆学习，免去了送书包、书籍到宿舍再返回图书馆之苦，也省去了存包之烦，节省了时间，增加了入馆人次。同时新的管理模式激发了教工读书热情，教工办理图书借阅证和入馆人数较往年都有较大增长。在"大开放"模式的运行中，读者可携带包入馆，原来为读者准备的存包柜在一定程度上失去了原有的价值，从而使读者私藏图书现象、读者间抢占存包柜问题、丢失存包柜内贵重物品现象随之减少，多年未解决的存包柜使用矛盾迎刃而解。

（4）读者自律意识增强，破坏阅览环境现象减少

新的管理模式下，各阅览室入馆读者骤增，阅览座位紧张，读者入馆学习积极性高，来馆时间提前，有时出现一座难求的现象，读者对阅览座位倍加珍惜，读者间无形中相互监督，杜绝了占座现象的发生，形成了良好的学习氛围，强大的群体他律意识促使个体自律意识增强，进而使原有管理模式下读者乱扔废纸、随地吐痰、乱画书籍、大声喧哗和接打电话等破坏阅览环境的现象大大减少，形成了整洁有序的阅览环境和安静恬适的学习氛围。

（5）读者满意度增加，馆员与读者的矛盾减少

新的管理模式打破了原有管理模式所设置的各种限制，使得读者随时可以到图书馆看书、学习，极大地方便了读者，图书馆真正成了学生的第二课堂，读者对新的管理模式十分认可，对图书馆提供的各项服务感到满意。与之相比，原有的管理模式，禁止带包、物品丢失现象常现，存包困难，致使馆员更多地把精力用在对读者的管理上，进而使得馆员与读者发生冲突的机会较多，经常产生矛盾。新的管理模式使得馆员与读者间矛盾失去存在的土壤，馆员可以把全部精力用在整理架位与内务上，提高了工作效率，对读者限制减少，服务内容增加，馆员与读者关系日渐融洽。

2.利用短信平台，提醒读者还书

在短信平台未开通以前，由于种种原因，有许多读者所借图书到期不能按时归还，一方面影响图书正常流通，不能很好地实现其利用价值，另一方面所借图书超期要罚款，读者与工作人员之间经常发生矛盾。开通短信平台

后，工作人员通过查询，发现有快到期的图书，及时给读者发短信提醒，进行催还，可以避免读者支付不必要的超期罚款，也可以让图书得到有效的利用，一举两得。这种人性化的服务充分体现了以读者为本的服务理念。

3.随书光盘开架服务，增加读者学习的渠道

随着我国出版事业的发展，文献载体形式日益多样化，随书光盘是书本内容的延续和补充，能起到辅助教学的作用，能帮助读者更深刻地理解图书的内容，已成为高校图书馆馆藏资源的重要组成部分。我馆以"读者为本"，积极开创渠道为读者服务，及时加工、上架随书光盘，对随书光盘实施网络化管理，充分发挥随书光盘的辅助教学作用。

4.创办《起点》杂志，丰富学生的第二课堂

创办《起点》杂志的目的是活跃校园文化氛围，深化校园文化内涵，弘扬主旋律，赞美新生活，将一种积极向上的精神面貌展现给读者，将学生个人的成功经验传递给其他读者，将学生们成长过程中的苦与乐拿出来一起分享，推动了校园的和谐建设，丰富了学生的第二课堂，为学生的大学生活留下闪亮的人生痕迹。图书馆创办的这个交流平台，充分体现了以读者为本的服务理念。

第四节　图书馆导读工作

图书馆导读工作也可以称为图书馆阅读指导，其主要内涵是图书管理员利用图书馆的文献引导，对读者的阅读目的、阅读内容、阅读方法给予积极有效引导的一个过程。对于高校图书馆而言，图书馆导读主要是对读者进行相关的阅读指导和影响，以培养读者的阅读兴趣，帮助学生养成良好的阅读习惯。图书馆导读工作的主要任务包括提高阅读认识、扩大文献视野、普及检索方法、培养阅读技巧和提倡系统阅读等几个主要方面。

随着社会的信息化程度越来越高，越来越多的工作都变得和信息化息息相关，高校图书馆导读工作也不例外。图书馆的导读工作是为读者服务的最重要的工作部分，也是读者服务工作中最活跃、最积极的一部分。高校图书馆是对学生进行素质教育的主要场所之一，学校应该加强图书馆建设。图书馆管理人员应落实导读工作内容，进行多层次的创新，以更好的服务满足全校师生的阅读需求。

一、高校图书馆读者服务的层次性

网络技术的发展不但影响了图书馆传统的收藏、使用和服务模式，而且打破了图书馆之间彼此独立、封闭的壁垒。面对这一新变化，图书馆如何定位、采用什么样的服务模式来满足用户的要求，成为图书馆必须正视和解决的问题。建立在网络环境下的基于用户需求、信息变化及信息发展三位一体的信息服务方式，将成为图书馆服务的一个发展趋势。

1. 利用网上平台拓展服务领域

参考咨询服务，是图书馆服务工作的"灵魂"，是衡量现代图书馆工作质量的重要标志，关系到图书馆未来的社会地位及影响力。传统图书馆所提供的参考服务，是以印刷体形式存在于纸质文献之中。在现代信息社会里，参考服务已成为国际性的潮流，它标志着图书馆正在利用网上平台拓展自己的专业性服务。高校图书馆应充分利用网络条件开展深层次的参考咨询服务，以最优最快的速度最大限度地满足多个读者对文献信息的需要；建设好图书馆文献信息服务网站，储存丰富的电子文献资源，设立在线学术论坛、好书推介、电子信箱、读者留言、在线咨询等专栏；开展读者信息需求调研，跟踪、摸清读者需求，设立电子邮件信箱，建立图书馆主页或利用BBC系统等，为读者提供反映意见或提出问题的渠道，提供远程使用者信息咨询服务；采用多手段传递多载体信息，包括目录、索引、全文等文字以及声音、图像等多媒体信息；安排专门的网上咨询服务馆员，开展好网上咨询服务，改变原来"为人找书"的简单、静态服务为动态服务。

2. 树立超前意识，开展创新服务

开展创新服务，是搞好图书馆读者服务工作的根本。现代信息技术的应用，给图书馆读者服务工作带来了新的变革。这就要求图书馆馆员具有超前意识，即超前于读者的现实欲望，主动出击，深入读者群体，把对读者需求调研与图书馆提供的信息服务的宣传结合起来。重视读者需求分析，通过对信息的分析和重组，形成符合读者需要的知识产品，并对知识产品的质量进行评价。要求与读者的联系更明确、更紧密，建立起针对具体读者或读者过程的服务责任制。同时，对那些只拥有使用权而不拥有所有权的网上资源，根据其分布在不同的数据库，缺少统一的分类体系和检索界面的现状，合理安排人员进行组织、优化、筛选，并按专业、专题建立起读者指引数据库，加大对网上资源的分类标引和主题标引力度，让那些面对虚拟馆藏资源束手无策的读者顺利地获得所需文献资料。对较高层次的信息用户，还要加强正确表达检索要求、检索词间逻辑关系组配以及检索技能的培训。通过这些科学的、创新的服务手段，读者在图书馆员的辅导和帮助下，将会在茫茫的网络信息海洋中顺利地找到所需的信息资源。

二、高校图书馆读者服务的互动性

互动服务可以增进图书馆馆员与读者之间的相互沟通和理解，营造融洽、和谐的服务环境，增强图书馆馆员的服务意识，促进管理工作和服务水平的提高，增强读者的信息意识，提高读者获取信息和利用信息的能力，促进馆藏文献资源建设，使有限的图书经费发挥最大效益，提高馆藏质量，让读者更多地了解图书馆和使用图书馆，提高文献的利用率。所以，提高互动性是十分重要的。

1.提高图书馆馆员与读者的互动意识

互动是双向的，图书馆馆员与读者之间是互动服务中的两个主体，要提高互动性服务，首先就要提高这两者之间的互动意识。对于图书馆馆员来说，观念上要有新的认识。一方面要认识到现在的服务不是单纯的借还图书，向读者提供单一的文献。另一方面在图书馆对读者的服务中，图书馆馆员的角色地位不是用绝对主动与被动来区分的，而是一种馆员与读者相互影响的关系。对于这一点，必须有正确的认识，最起码要意识到在图书馆服务中，馆员与读者之间是存在一种互动关系的。这是因为读者在被动服务中的消极态度可能会影响馆员的情绪，反之，馆员的服务态度、言语行为也会影响读者利用图书馆的积极性。在图书馆服务中，馆员希望得到广大读者真实地表达自己的需求，而读者也希望馆员能给予他们这样的机会与空间，而不是彼此都处于被动的角色。只有馆员与读者之间都有这样一种互动意识，才能营造融洽、和谐的服务环境，才能在服务中相互配合、相互影响，共同促进服务水平的提高。

2.网上互动方式

在图书馆对读者的服务中，最重要的就是参考咨询服务。传统的咨询服务主要是人与人面对面的直接服务方式。随着网络技术的发展与应用，网络作为传播信息和获取信息的主要途径，打破了时间、空间和疆域之间的界限，在信息服务中，其互动性更强。因此，利用网上咨询方式提高咨询服务互动尤为重要。

3.用户教育互动方式

用户教育是高校图书馆的一项重要工作，它是提高读者信息意识和获取信息技能的重要措施。目前在高校图书馆开展的用户教育中一般有基础导向教育、开设文献信息检索课和用户检索信息技能培训等。基础导向教育就是图书馆基础知识的教育，这种教育一般是在新生入学时进行，在新生入学教育时给他们介绍图书馆的性质、功能、任务、作用、馆藏特点、文献布局、服务项目、规章制度等情况。一些高校每年新生入学教育时，第一节课学院都安排图书馆介绍情况。采取先集中介绍，然后分批到馆实地参观的形式，通过介绍和参观，消除了新生对大学图书馆的陌生感，一下拉近了图书馆与新生读者之间的距离。但这种互动的空间相对较小。而到高年级开设文献检索课和举办专项信息检索技能培训，其互动的空间就大了。某医科高校图书馆自1986年以来，一直在普高生中开设《医学信息检索与利用》课，随后又在成人教育中开设这门课。在教学中，以提高学生的信息意识和获取信息技能为目标，注重学生能力的培养，强化实践教学，实习中加强教与学的互动，学生可随时提出问题，教师当场给予解答和指导，使信息的交流与反馈贯穿于整个教学之中，收到了良好的教学效果。在用户技能培训中，坚持以馆藏文献为主，重点介绍本馆文献信息和各种数据库的检索方法、途径等，同时介绍国内外与本院专业相关网站。在讲授过程中，教师随时解答学生提出的问题，信息供需双方得到了充分的沟通和互动。

4.在馆藏建设中加强与读者的互动

在馆藏建设中加强与读者的互动，是提高馆藏质量的根本。尤其是让读者参与图书的选订，因为图书馆藏书的目的就是为了方便读者的利用，读者最清楚自己需要什么样的书。特别是在文献量不断增长、图书价格不断上涨的情况下，想要更有针对性地采购图书，没有读者的参与是很难做到的。

5.其他互动服务方式

开辟更多互动服务空间，让图书馆与读者之间有更多的交流渠道。传统的做法有设置意见箱、意见簿和召开座谈会等。在现代化技术高度发展的今天，网络化给图书馆与读者之间提供了更为广泛的交流方式与空间。例如，可在图书馆主页上提供馆长信箱和相关业务部门的信箱，或是开设"互动地带""交流信箱""BBS论坛"等专栏，这些都是读者与图书馆进行交流互动的极好方式，读者可以通过各种不同的方式发表自己对图书馆的看法、建议和要求，馆员以不同的途径给予答复，或与读者进行讨论。这里需要强调的是，不论采取何种交流方式，图书馆必须设有专人负责，对读者的意见做到及时处理和反馈，否则，就会伤害读者与图书馆交流的积极性。

三、提升馆员的文学素养

1.高校图书馆员文学素养提升的意义

（1）有利于大学生的图书借阅与思想沟通，从而提高服务质量。图书馆员每天面对众多的大学生，其借阅与需求又是多种多样的，而一座图书馆拥有几万甚至几十万册的藏书，包含了林林总总各方面的内容。这就要求管理员不仅是图书管理方面的专才，更要具有一定的文学素养，借文学素养的内涵力量，在图书馆员与大学生之间搭起一座相互沟通、彼此信任的桥梁。

（2）有利于语言表达的精彩与魅力，从而塑造个人良好的形象。图书馆员每天的工作对象是大学生，相互交流沟通的语言是否生动有趣，是否能得到大学生的喜爱与垂青，则与图书馆员的个人文学素养有关。事实证明，一个人拥有较高的文学素养，眼界自会开阔，心胸自会豁达，更重要的是，他的语言表达能力会得到极大的提升。近些年来，在中央电视台《百家讲坛》露面的宣讲者，无论是讲清史三百年的阎崇年，还是讲两宋风云的郦波、讲百家姓史的钱文忠等，他们均以精彩的讲述、鲜活的语言赢得了千万观众的叫好。这里有一个极其重要的因素，凡在《百家讲坛》露脸的宣讲者，大多是大学教授或是中学老师，他们有着很高的文学素养。图书馆员在与高校大学生的交际中，如果具有一定的文学素养，他（她）的语言的生动性和丰富性，会对借阅学生的心理产生潜移默化的影响，从而注重向图书馆员学习，注重文学素养的自觉提升。可见，高校图书馆员拥有较高的文学素养，会使他的人品修养变得高雅，会让他的语言具有张力与吸引力，同时，图书馆员的个人形象也得到了较好的塑造。

（3）有利于及时搜集或购置必要的书籍，从而丰富馆藏与满足学生借阅的需要。图书馆员具有一定的文学素养，他们的知识面比别人宽，自觉学习的欲望就会更强。因此，在为图书馆增添书籍的时候，他们就拥有更多的发言权。一是，社会上有许多本地作家，他们每年都会有不少的书籍出版，而这些高校所在地作家的作品，对大学生具有相当的吸引力与示范作用。图书馆员及时了解本地作家的出书信息，动员他们向学校图书馆捐赠图书，这是作家与图书馆双赢的好事。二是，图书馆员自身文学素养提升后，对馆藏图书会有一个正确的评估，哪些是热门，哪些是冷门，可随时做到心中有数。在建议学校购置新书籍时，做到有的放矢。

2.高校图书馆员文学素养提升的基本途径

（1）熟悉优秀传统文化，强化自身文学素养。谙熟我国传统文化和了解历史知识的丰富与积淀，是文学素养的一个重要组成部分。在人类进步的历史长河中，无论是国外还是国内，历史的发展源远流长，历史的进程是一面镜子，对今人具有十分重要的借鉴作用。图书馆员在与大学生的交流中，当学生需要借阅传统文化方面的书籍时，由于馆员自身拥有丰富的历史文化知识，便可以为学生借阅什么样的书籍、查询哪些方面的资料提供具有指导性的参考意见。同时，还可以就历史的演变与进步，和大学生一块探讨帝王将相的兴衰替变，从中得出以史为镜知兴亡、以人为镜知得失的深刻道理，从而知道如何做人、如何做事。由是，原本单调的图书管理工作，通过图书馆员文化知识的介入，就使借阅与查询的过程变得生动而有成效。

（2）大量阅读文学作品，加强自身文学修养。阅读学习是个人文学素养提升的重要源泉。实践证明，大量、广泛地阅读文学作品是图书馆员加强自身文学修养的有效途径。作为一个图书馆员，如果不善于学习，没有海量阅读文学作品的积累，不了解古今中外文化精髓，没有养成经常阅读的好习惯，将势必导致自身文学素养缺乏源泉。自身文学素养低下，怎么能够给读者推荐经典文学图书呢?更谈不上指导读者对优秀图书的阅读和利用了。馆员生而有幸在图书馆工作，工作时间同时也是难得的学习时间，所谓近水楼台先得月，天时、地利、人和都占全了，只要沉下心来，充分利用得天独厚的便利条件，不但可提高文学素养，同时也是对自身综合素质的极大补充。当然，从工作角度出发，馆员阅读不能"偏科"，要求无论是中外的文学书籍或古代、现代文学作品以及社会学、科普等方面的知识，馆员在阅读过程中都应有所涉猎。馆员首先应该热爱文学、懂文学，才有可能高效地为读者推荐文学书籍。馆员自己必须具备良好的文学素养，才能从心灵深处为读者提供优质服务。

（3）熟知著名作家，走近借阅人心灵。在图书馆的书籍中，文学书籍占了相当的分量。因此，图书馆员必须了解和知晓一些著名作家。比如国内的，要知晓中国先秦两汉作家、隋唐五代作家、两宋金元作家、明清及现代作家;国外的，要知晓古希腊、古罗马作家，要知晓英国、法国、德国、俄国、美国的重要作家。大学里，虽然系目众多，但阅读文学作品是不分文科、理科，不分年老年轻的。而且在具体的借阅活动中，由于个人对不同作家的好恶与偏爱，就会产生名目繁多的借阅需求。比如，有的读者喜欢中国的莫言，有的读者喜欢路遥，有的读者喜欢英国的莎士比亚，有的读者喜欢法国的巴尔扎克，有的读者喜欢俄国的契诃夫，等等。不同大学生喜欢不同的作家，反映到图书馆员那里，就是五花八门的借阅状况。如果图书馆员对中外作家有一个大概的了解，与借阅者就有了相互沟通的可能，有了共同的语言，从而就可以了解借阅者的思想，知道读者的想法、期盼，会与借阅者成为文学阅读上的好朋友。

（4）了解必要的文学知识，适当撰写论文。要知晓一些文学知识。图书馆员除了知晓一些中外文学名家以外，还应该知晓一些文学方面的知识。比如《诗经》、楚辞的丰富内涵，唐诗、宋词的格律规矩，等等。养成写作习惯，这也是一个合格馆员应该有的素质之一。写作的范围因人而异，可根据自己的特点有所侧重，以平时生动鲜活的材料为题进行写作。在写这些东西时，应该尽可能加进一点文学色彩，增加文学性，既可使文章增色，也有利于文学素养的提高，同时还可以写一点文学鉴赏和批评的文章，或是诗歌、散文，这有益于个人文学素养的提高，也有益于人生境界的升华。

（5）多听讲座了解文学知识。对文学的理解每一个人都不一样，文学能够反映一个时代，听专家的文学讲座便于大家加深学习掌握的程度。文学讲座专题性很强，一场高水平的讲座，之所以能够引起听众的共鸣，就在于它将一部部厚实的书籍通过自己的阅读、理解，提炼出其中的精华，使听众短时间内对全书内容得到全面深入的了解，还能够了解很多书本之外的背景知识，无疑是难得的营养大餐。随着电视和网络的普及，听大师讲座的条件越来越好，如中央电视台的"百家讲坛""读书"等文学栏目，得到了人们广泛的好评，对提高国民文学素养起到了极大的推进作用，作为从事图书管理工作的馆员，更应该充分利用好现代发达的信息手段，只要做到持之以恒的坚持，自身文学素养必然会渐渐得到提高。

在信息化社会中，知识更新换代速度加快，人们对于知识的渴求前所未有地强烈。图书馆员应该根据读者不同的阅读特点在阅读内容、阅读目的、阅读方向上给予他们合理有效的指导，并且教会读者便捷地使用图书馆查阅资料，掌握检索、整理文献资料的基本能力，学会科学地对读书进行有效的分类及进行阶段性的阅读，让读者"读有所乐、读有所学、读有所得"。

第五节　培养读者图书馆意识

图书馆是文献信息资源的集散地，是传播文献信息资源的枢纽，更是人类终身学习的地方。在社会主义两个文明建设中，图书馆肩负着重要的教育职能作用，目的是要引导和帮助读者树立正确的世界观、人生观、价值观，打下科学理论的基础，确立为建设中国特色社会主义而奋斗的政治方向。在学校里，图书馆是基本的教育设施，它被誉为"知识的宝库、知识的喷泉""学校的心脏""学校的第二课堂"，直接承担着培养人才的重任。随着新课程改革的推进，要求学校应充分发挥图书馆、实验室、专用教室及各类教学设施和实践基地的作用。在信息发达的21世纪，信息的爆炸触及着无数年轻人敏感的神经，图书馆正是开阔学生视野、接收日新月异的信息、展示世界的一面大视窗。

因此，作为学生们的"第二课堂"，学校文化教育的重要阵地，图书馆应该得到足够的重视和有效的利用，通过自身建设的完善，提高图书馆利用率，提供优质的服务，吸引学生把目光重新投放在这巨大的信息文化宝库中，让学生养成到图书馆学习的习惯才是培养图书馆意识的关键所在。

一、完善图书馆硬件设施，构建信息乐园

图书馆的物理环境是映入学生们眼帘的第一印象，倘若要学生喜欢进图书馆，进行学习或自修，就必须提供一个有书香味的环境，让学生得以静心融入其中。有关图书馆硬件设施有以下两个方面的要求。

1.书籍的藏量

书是图书馆的血液，血液必须保持更新。藏书量的充足且多元化能明显提高图书馆的使用率。据学生反映，学校图书馆有相当一部分书籍无法查找，或受到限制无法借阅。过去图书馆由于种种历史原因管理不完善，导致闭馆甚至空置，是造成学生远离了学校图书馆的直接原因。另一原因，则是图书馆书籍资源不充足，无法满足学生阅读需求，虽然这其中包含一些学生的个体阅读兴趣因素。让读者满意是图书馆的最高目标，让读者能最大限度利用图书馆文献资源则是对图书馆的基本要求。

2.阅读环境和设施利用

书是图书馆的第一要素，除了资源充足，整齐的摆设和清晰的分类也大大有助于学生有效地查阅和利用。借助橱窗、多媒体工具、新书架、专题书架、书刊展示台等向学生提供有针对性的信息，这些设施不仅仅是文献资料的承载体，而是学生搜索信息的多种路径，同时图书馆也能把优秀图书和更新的信息主动呈现给学生们，培养他们的图书馆意识，促进图书馆的利用率，使图书馆由往日一成不变的藏书地，变为一个互动立体的信息乐园。

二、提高自身素质，强化服务意识，为学生做有效的阅读指导

学校图书馆是一个能集中体现单位文化、教育事业发展的重要标志。图书馆服务在很大程度上是图书馆自身文化的一种体现，反映出图书馆的教育职能、性质、任务，也是图书馆工作的重心。"读者第一，服务至上"是图书馆工作的宗旨。一切工作应围绕读者的需求展开，简单来说，图书馆的服务工作可分为信息资源服务和咨询服务两大类。在提倡图书馆服务主动化、个性化的今天，如何能在"为人找好书"，又"为好书找人"的过程中发挥作用，应注重以下几个方面：

1.提高自身素质，做读者的"知识导航员"

学生来到图书馆借阅图书，影响借阅量的因素除图书馆文献的藏量和学生自身的爱好因素之外，图书管理员的服务意识和服务质量也是一个重要的影响因素。作为一名专业的管理员，应具有专业的知识，博览群书，拥有良好的知识结构、温文尔雅的形象、和蔼可亲的态度，对学生提出的问题予以耐心细致的回答，对合理的要求做出适当的满足，这样才能吸引更多的学生前来借阅，从而提高他们到图书馆的频率，激发阅读兴趣，而不是对他们的诉求不闻不问，对学生的来去都视而不见，这样非但大大减弱了他们到馆的欲望，对图书馆的印象也大打折扣，易产生抵触心理，导致图书馆存在的意义丧失。

2.增强沟通意识，体现人文精神

和谐社会的图书馆需要增强人性化服务，这方面需要自身强化服务意识，从而实现服务多元化，服务内容综合化。把过去的"被动服务"变为主动服务。要了解读者的需要，就必须主动地与之沟通交流。面对不同的读者，沟通方法也应该做出相应的变通。但对一些共性的方面，比如语言，要有礼貌，服务要面带笑容，善于耐心地倾听以及换位思考，这都是沟通交流过程中的要点。哪怕对象是千变万化的，都应该具备以上基本的素质，再从学生不同的个性、年龄、习惯、取向的角度出发，来分析和解决读者的问题，从而进一步提供更好的服务满足读者的需求。同时注意沟通服务的过程中需要一颗关爱的心，好比在学校图书馆，遇上年龄偏大的退休教师的时候，要充分考虑到老年人行动不便和视听觉不好的因素，交流过程中就要放慢语速，亲切而有耐心，适当的时候有搀扶的动作，如此交流互动更显"老吾老以及人之老"的人文关怀理念，让学生感受人文精神，从而爱上这个地方。

3.结合课堂，提供有效阅读指导

对学生而言，管理员既是"服务员"更是"导师"，作为一名优秀的导师，不仅仅提供良好的服务，更应作为同学们课堂外的老师，引导他们在求知的道路上培养"去粗取精，去伪存真"的阅读能力。在指导过程中，管理员应该介绍和他们年龄相适应的课外读物，又不忘推荐与他们课堂知识有关的课外阅读。这样一来，既尊重学生个性发展，也有利于他们在巩固课堂知识的同时也能陶冶性情，提升阅读品位和鉴赏力，使学生综合素质得以提高，形成一个阅读习惯的良性循环。

三、加强管理，完善制度，培养学生图书馆意识

完善的管理制度是图书馆正常运作的重要保证。它不仅仅是提供良好的服务的基础，也有赖于学生们的积极配合来共同完成图书馆的日常工作，其中突出的正是图书馆的借阅问题，如借阅期超期、图书损坏，都与学生们息息相关，而造成这种现象的正是学生的图书馆意识长期薄弱和图书馆管理不善所导致的。而如何帮助学生们树立图书馆意识，增加自我管理能力，也是图书馆老师的职责所在。

1.调查各种借阅超期的学生类型

（1）无意识型。这可谓是最典型、占有一定比例的一类学生，这类学生对图书馆的各方面缺乏认识，不了解图书馆的日常管理机制，来往图书馆的频率不定。很多时候也只是心血来潮，往往借书之后，就想不起要归还的事，只有在催促监督下，才有意识把书本归还。

（2）疏忽型。这部分学生，一般拥有良好的借阅习惯，但也不免偶尔出现遗漏导致借阅超期。

（3）不重视型。这一类学生，应该就是占绝大多数了。对学校图书馆制度有一定了解，但就是放任自流，习惯性对其不重视。不仅仅对借阅期限不加留意，甚至对图书造成一定损坏也不为所动，实在让人深深感到这是一个不能忽视的问题，根本原因仍可归结到图书馆意识的缺乏。

2.对于借阅超期的应对措施

（1）做好图书馆第一课。每学期开课的班会上，老师们应该利用15—20分钟组织同学们学习熟悉图书馆的规章制度，这有利于提醒同学们处理"历史问题"，也有效地为图书馆做到第一轮的教育宣传工作。

（2）做好计划，定期催还。如碰上学习任务较重的时间段，班上的学习委员应当定时到图书馆的公告栏打印图书催交名单，再回到班上统一收回，最后归还到馆。这样就可以免除了遗漏，也使借阅工作更具规范性。

要拥有一个和谐的图书馆环境，提供优质的服务，多方面综合管理，才能激发学生学习兴趣，增强图书馆意识，培养读者良好的阅读习惯。

第六节　提升读者信息素质

信息素质是人们在工作中运用信息、学习信息技术、利用信息解决问题的能力，信息素质主要包括信息意识、信息能力、信息道德，这三个方面相互联系、相互作用，共同构成一个不可分割的综合体。随着信息技术的快速发展、信息资源的迅猛增长，为了使大学生适应信息化社会发展的需要和要求，如何提升大学生的信息素质已经成为高等教育的首要任务。

图书馆作为高校的信息资源中心，为大学生提供了多种获取所需信息资源的渠道，最大限度地满足大学生对知识和信息的需求。图书馆拥有的丰富信息资源、先进的信息技术、专业的人力资源等优势，为提升大学生信息素质提供了良好的物质和人才保障，使图书馆能够承担起提升大学生信息素质这一重要职责，使图书馆逐渐成为提升大学生信息素质的中坚力量。

一、提高图书馆馆员自身的信息素质

高校图书馆是大学生信息素质教育的主要基地，以培养和提高大学生的信息素质为主要任务，使大学生拥有在复杂的信息资源中获得有用信息的能力为根本目标。图书馆员则是培养大学生信息素质的具体实施者，因此，图书馆员信息素质的高低直接影响着大学生信息素质培养的质量和水平。

计算机技术、多媒体技术和信息网络化的迅猛发展，对图书馆馆员的信息素质提出了更高的要求。本着高度的责任感和使命感，图书馆员要从树立正确的信息意识、拥有超强的信息能力、培养信息道德三个方面全面提升自身的信息素质，从而承担起提升大学生信息素质的重任。

信息意识是指人们对信息的敏感程度，树立正确的信息意识对图书馆员的工作、学习有着很大的帮助。图书馆员要树立正确的信息意识，就要自觉地采取积极的措施来满足自身的信息需求，就要对信息资源时刻保持敏锐的感受力、持久的注意力，就要深入思考、处理捕捉到的信息资源，挖掘其潜在的利用价值。

信息道德是信息交流活动中应有的道德品质，是信息活动中调节和维护信息读者之间的行为规范。图书馆员在提供信息服务的过程中，遵循一定的信息伦理和道德准则来规范自身的信息活动，要做到自觉遵守法律法规，自觉抵制不良信息。

二、在图书馆网页设立多样化的信息导航

网络是大学生查找信息、获取信息和利用信息的重要渠道和平台，网络时代信息膨胀，使得网络上的信息资源数量巨大、增长迅速、内容交叉重复、分布异常分散。为了使读者适应信息资源的网络化，提高自身对信息资源的选择判断能力，抵制不良文化、信息垃圾的入侵，图书馆通过校局域网组建自动化网络，建立了以网络为载体的馆藏资源。图书馆在其网页上设立了多样化的信息导航，为读者提供网络服务，通过这一信息交流的新窗口为读者提供信息咨询服务。

1. 在网站首页，将有利用价值的信息资源编辑成册

图书馆员以满足读者的信息需求为出发点，针对不同读者的各种信息需求，利用自己对网络信息的筛选、鉴别、利用能力来评价和选择满足读者信息需求的正确的网络信息资源，将其编辑成册放在网站首页。

紧密结合读者的需求，从信息内容的准确性、学术性、信息制作者发布的可信度几个方面考虑，快速捕获海量网络信息中有利用价值的信息资源，将其放在图书馆网站首页。经常维护整理网站首页，使杂乱无章的庞

大信息有序化、集成化、管理科学化、提供便捷化，使读者体会到高效、便捷、可靠的信息享受。这有助于加强读者的信息道德修养，从而提高读者的信息素质。

2.在网站首页，设立文献检索网络课程

为了帮助读者树立信息意识基础、积累信息知识、提高信息能力，图书馆以数字资源的检索、评价和利用能力的培养为主要内容和目标，在网站首页设立文献检索网络课程，并收集各种网络数据库以及专业网站，帮助读者在网络环境下拥有清晰的信息意识、高超的信息能力和正确的信息道德。

为了适应网络技术、多媒体技术、计算机技术的日益发展，图书馆通过网络教学平台的形式，在其网站首页设立文献检索网络课程。通过网上课堂、学习指南、远程教育等形式，不断提高读者的计算机操作能力、信息获取能力，教会读者如何查询网上信息，如何利用光盘数据库、网络数据库等网络信息资源，使读者在自主条件下逐步提高信息素质。

三、建立学科馆员制度，与专业课的教学紧密结合

建立学科馆员制度，将图书馆的工作与专业课的教学相结合，将信息素质教育紧密地融入到学生的专业课程学习之中。图书馆员与专业课教师之间的关系，在传统意义上只是纯粹的读者与服务者的关系。学科馆员打破这一局面，通过深入了解学科背景，学科馆员与教师建立良好的合作关系，两者合作共同开展信息素质教育，共同引导大学生积极参与信息检索过程，在相互的体验交流中提高大学生的信息素质。

学科馆员通过参加专业课教学会议，了解教师的教学计划，出于将信息检索知识点、检索方法融入学生专业学习的计划和思考，为了使大学生明确文献检索的学习目标，学科馆员根据专业课的课时安排、课程内容，配合专业课教学，针对大学生的专业课学习设计相应的信息检索计划。信息检索计

划根据教学大纲，规定了与专业课相关的信息检索方法、信息资源分布、信息检索的具体实现路径、检索技巧以及检索结果的评价等内容。

通过信息检索计划的实施，在教师的教学过程中，学科馆员高效率地向大学生传授了信息检索技能，使大学生在专业课文献需求任务的检索过程中，增加了对信息素质的实用性和重要性的认识，提高了其对专业课学习所需文献资料的检索技能。学科馆员与专业教师密切合作，在明显提高大学生信息资源检索技能的同时，间接地提高了学生专业课的学习效果、教师专业教学效果。

四、建立读者培训中心，实施有针对性、实用性的培训

图书馆为提高大学生的信息素质提供了坚实的信息资源基础，然而，大部分读者并不知道如何充分地利用图书馆，他们认为图书馆只是借阅书刊的地方，对图书馆的服务内容不是很清楚，不知道如何利用检索工具来查找信息、获取信息，使图书馆丰富的纸质馆藏以及网络馆藏文献资源、特色馆藏体系的利用率低下。

图书馆拥有一支既有工作经验又熟悉文献信息加工、检索过程的具有高信息素质的专业队伍，这是对读者进行信息培训的根本保证。图书馆通过建立信息素质培训中心，有针对性地为读者举办定期或不定期培训班，教育引导读者自觉提升自身的信息素质，引起读者参与信息检索的注意力、学习兴趣，激发读者的创造力，引导读者逐步培养信息意识、提高信息检索能力，从而不断提升自身的信息素质。

1. 开办讲座，为读者介绍图书馆的信息资源及使用方法

通过开办讲座为读者介绍图书馆信息资源的基本情况及其使用方法，为读者介绍图书馆的基本布局、书目查询系统以及馆藏情况，介绍馆内最新的书刊资料、多媒体资料、联机目录、各种光盘数据库等信息资源，使读者了

解图书馆馆藏资源的数量以及资源分布情况，提升读者的信息查找能力；介绍本馆的信息服务模式与状况，将图书馆参考咨询的有关内容向读者加以介绍，以便读者在需要的时候可以得到专业馆员的帮助，从而提高读者的信息意识，使读者充分表达自身的信息需求。

2.开办信息检索培训班，为读者讲解信息检索方法及技巧

开办信息检索培训班，为读者介绍各种检索工具，讲解各种检索方法及技巧，使读者获得查找馆藏资源的途径；结合专业学习的特定要求，引导读者检索专业资源，详细介绍与专业相关的数据库检索方法与技巧；指导读者使用专业数据库资源的途径与方法，详细讲解检索中数据库资源的选择、关键词的选取以及布尔逻辑检索策略的应用，使读者有效运用各种检索语言，熟悉检索原理以及最基本的检索方法和检索途径，从而提高读者收集、检索以及获取信息的能力，提高图书馆信息资源的利用率。

第八章 高校图书馆志愿者服务管理

　　志愿者又称"义工"，其英文"volunteer"来源于拉丁文中的"voluntas"，意为"意愿"。志愿者这一名称正式提出的时间不长，但志愿者服务却由来已久。其起源于19世纪初西方国家宗教性的慈善服务，在二战后得到普及和规范化。志愿者服务是每个公民自愿贡献时间和精力，在不为物质报酬的前提下，为推动人类发展、社会进步和社会福利事业而提供的一项服务。志愿者就是指提供这类服务的人。

　　1996年福建省图书馆建立了图书馆志愿者组织，由此开始了我国图书馆志愿者的活动与研究。图书馆志愿者是不以利益、金钱、扬名为目的，志愿为了知识信息的自由、平等、广泛有序传播而参与图书馆服务或活动并进而奉献社会的个人或团体。图书馆志愿服务是图书馆服务行为和志愿服务行为的有机融合，其在无偿、公益、利他这个基本原则上，与图书馆服务精神和志愿者精神的高度契合。而这些契合表明图书馆之所以吸引志愿者，是因为图书馆有使志愿精神发扬光大的优势和环境，同时是图书馆自身发展的需要，也是图书馆开放自己、拓展其社会职能的标志，更为重要的是向全社会倡导和弘扬志愿服务精神，形成一种社会关心、支持和参与图书馆事业，提高志愿者公共文化服务水平和服务质量的社会氛围。

　　高校图书馆引入大学生志愿者参与图书馆服务工作，既可以提高图书馆的服务质量，又可以锻炼大学生志愿者的实践能力，因此，高校图书馆要加强对志愿者的管理，发挥志愿服务的作用。

一、高校图书馆大学生志愿服务的作用

1.完善图书馆管理工作

高校图书馆是高校的文献情报中心，随着高校的不断发展，图书馆相应要扩大规模，图书馆场馆面积要增大，图书馆的馆藏图书期刊数量要增加。因此，图书馆的每个部门的工作量都是满满的，读者数量激增，有些部门的图书管理人员严重不足。因此，图书馆要招募大学生志愿者，让他们参与图书馆的日常管理工作。另外，为了满足读者需求和学校教学需要，高校图书馆要有充足的开放时间，例如中午时间和周末图书馆也要继续对读者开放，这就给图书馆的人力安排带来一定压力。高校图书馆招募大学生志愿者来馆参与图书馆的服务工作，就可以缓解这个问题。例如，图书馆有些部门如阅览室，晚上和周末直接由志愿者负责开放。高校图书馆是学生学习科学知识的第二课堂，图书馆的不同读者会提出不同要求以及有关专业性的学科问题，而图书馆工作人员有限，他们本身的专业知识也是相对固定的，因此很难解答读者的专业性问题。图书馆招募学生志愿者，志愿者是来自不同学科专业的大学生，他们掌握不同行业的专业知识和技能，可以帮助读者解答专业性的疑难问题，从而使图书馆的读者服务更完善。

2.提高志愿者综合素质

高校图书馆引入志愿者服务，为大学生提供实践锻炼的机会，有利于大学生综合素质的提高。大学生志愿者参与高校图书馆的服务活动，志愿为自己学校出一份微薄的力量，无私奉献自己的劳动而感到自豪，精神也得到满足，同时又可以学习图书馆管理服务的相关知识，亲自体验参与图书馆的服务工作，并从中学会与读者与老师相处之道，学习人际交往的艺术，提高自己的社会交际能力。图书馆志愿者在服务活动时，会遇到各种各样的问题，需要发挥自己的聪明才智来解决，从而锻炼和提高自己的实际工作能力。因此，图书馆志愿者服务，对大学生志愿者自身的成长是十分有益的。

二、高校图书馆大学生志愿者的服务工作

1.做读者向导

现在大多数高校图书馆规模较大，有些读者特别是新入学的学生，他们到学校图书馆来，对图书馆的馆藏布局不熟悉，或者入馆的有关事项不清楚，这就需要图书馆管理人员帮助他们。

所以，在图书馆入口处，可以设置一个读者咨询服务处，安排图书馆志愿者在这里专门解答读者的简单疑难问题，如引导读者入馆、如何办理借还书等。随着高校图书馆的不断现代化，大多数高校图书馆都购置了还书自助机。部分读者不懂自助机使用方法，这里也可以安排志愿者，由志愿者负责指导读者如何使用还书自助机，指导读者如何使用图书馆检索系统检索图书和期刊，帮助读者进行图书的自助还书和续借等。

2.图书加工

新图书到馆，需要进行验收和登记。图书编目后，需要贴上条形码，盖图书馆馆藏章，粘贴磁条，贴分类号排架号标签。上面这些工作，都是比较简单易操作的事情，只要注意细心操作即可，所以可以由图书馆学生志愿者来负责完成。这些工作的做法，图书馆工作人员对志愿者做一些指导，志愿者就能够很快胜任这些工作了。这就能分担图书馆工作人员的一部分工作，更利于图书馆工作的顺利开展。

3.书库管理

高校图书馆志愿者在流通部门的服务工作，包括图书的分类上架和排架、整理书架、书库的卫生清洁工作等。志愿者要及时把读者归还的图书和到库新书按分类号分类，然后分别送到不同的书库进行上架，使图书能及时流通。流通书库书架比较乱，志愿者要负责整理，对分类号相同的图书，按图书索引号从小到大的顺序进行排列，以便读者能快速查找图书。另外，志愿者也要负责定期清洁书架的灰尘，打扫书库的卫生，保证图书馆的整洁，为读者营造良好的借阅环境。

4.阅览室服务工作

高校图书馆工作人员数量有限，所以阅览室有些时段的开放有一定难度。为解决这个问题，为保证阅览室的对外开放时间，可以安排图书馆志愿者负责阅览室晚上时间和周末的开放。例如，某些高校图书馆阅览室，每周的周一到周五的晚上时间，周末和节假日时间，都是由志愿者负责开放的。志愿者在阅览室值班时具体要负责做好下面工作：按时开放阅览室，记录入馆读者名单人数，清点值班时的期刊数量，负责期刊的上架和书架整理，维持阅览室的纪律秩序，闭馆时摆放整齐桌椅和关好电器门窗。另外，志愿者要负责阅览室的卫生清洁，每个星期进行一次大扫除，擦拭门、桌椅、书架，拖地板，给读者一个舒适整洁的阅览环境。

三、高校图书馆对学生志愿者的管理方法

1.成立图书馆志愿者协会组织

高校图书馆设立图书馆志愿者协会组织，志愿者协会组织推举志愿者代表来管理，主要由志愿者代表负责管理安排志愿者的日常志愿服务工作等。志愿者协会组织每年都要送旧迎新，毕业班的志愿者学业任务重且要参加实习，他们要集体退出图书馆志愿者协会。为保证志愿者协会组织的人数规模，图书馆就要进行志愿者的招募，招募工作主要由志愿者协会负责。图书馆要做好志愿者招募的宣传工作。例如，可以在校园网发布志愿者招募通知，在图书馆门口张贴招募通知。图书馆志愿者协会负责志愿者的招募工作，招募时间一般安排在每年九月底十月初，主要招募新入学的一年级大学生。招募工作要有计划，招募志愿者的总人数，其中男女生比例，只有事先规划好，招募工作才能顺利进行。

2.做好志愿者服务技能培训工作

大学生志愿者要先学习图书馆管理相关知识技能，才能做好图书馆服务工作。图书馆工作者要做好图书馆志愿者上岗服务前的培训工作。首先，图书馆工作者对志愿者进行思想教育，强调无私奉献精神可贵可嘉，帮助他们树立自愿奉献的意识，使他们更乐意自愿参与图书馆服务工作。同时，图书馆要求志愿者学习了解图书馆的职业道德，培养他们做好读者服务工作的责任感。 其次，图书馆工作者要向志愿者讲解图书馆学方面的知识技能，介绍本馆的情况，如本馆的有关规章制度、本馆的借还书系统的操作、本馆的馆藏系统书目检索系统的使用方法、中图分类法、图书期刊的排架方法，使志愿者初步掌握图书馆管理的知识，了解本馆的馆藏状况，为志愿者参与图书馆志愿服务工作打好基础。

3.制定规章制度，规范志愿服务

图书馆要制定有效的规章制度，规范志愿者的日常服务活动。虽然志愿者是自愿参加服务活动，但是志愿者也要遵守相关制度，有组织有计划地参加志愿服务。图书馆要制定一定的管理制度，如编排志愿者服务工作时间表，要求志愿者严格按时间表做好图书馆志愿服务。志愿者明确自己的职责和志愿服务的要求准则，就能够更好地开展图书馆志愿服务活动。

4.考评志愿者

志愿者考核是对志愿者服务工作情况的评估，通过考核，使志愿者认识到自己服务工作的优点和不足之处，从而在以后的志愿服务中不断改进方法，保证服务质量。志愿者的考核工作，由图书馆领导与志愿者协会代表来负责，每年度进行一次考核，考核的内容主要包括几方面：第一是志愿者参加服务的出勤情况；第二是参加志愿服务的总时间；第三，志愿者的服务态度和服务质量；第四，志愿服务的成绩。根据以上几方面对志愿者做综合考评，得出考核结果。对志愿者的奖励，主要是以表扬为主，对表现优秀的志愿者给予表彰，颁发奖状证书，如图书馆优秀志愿者证书等，激发大学生参与志愿活动的热情，培养他们无私奉献的崇高品质。

　　高校图书馆招募大学生志愿者参与图书馆的服务工作，既可以提高图书馆的工作效率，完善图书馆的管理工作，又可以提高大学生志愿者的综合素质。图书馆要不断完善对志愿者的管理，充分调动志愿者参与图书馆服务工作的积极性，让大学生积极投身于志愿服务，使志愿服务精神传承下去。

第一节　志愿者服务工作研究

随着社会公共文化服务体系的不断完善，图书馆承担的业务更多、服务的对象更广，图书馆现有人力资源已无法满足日益增长的业务的需要，因而，将志愿者队伍引入到图书馆各项服务之中，既是和谐社会发展所需，也是图书馆建设顺应社会发展的要求，更加充分地体现了图书馆公益性与志愿者精神的完美结合。将志愿者引入图书馆、开展志愿服务，在国外已司空见惯。然而，我国大陆地区的图书馆志愿者服务从20世纪90年代才刚开始起步，经过几十年的发展，目前无论是高校图书馆还是公共图书馆的志愿者队伍均呈现出蓬勃发展的趋势，在很多图书馆中都可以看到和接触到志愿者的风采。受种种因素影响，高校引入志愿者服务机制的时间较晚，在人员招聘、制度机制和服务管理等方面还有待完善，因此，对高校图书馆志愿者服务问题进行分析和探索，具有重要的现实意义。

一、高校图书馆志愿者服务研究情况

自1996年福建省图书馆建立图书馆志愿者组织后，上海、北京和广东等大城市高校图书馆开始了志愿者服务探索，经历了勤工助学、义工、临时馆员、助馆等各个阶段，逐渐形成大学图书馆志愿者服务的新模式。大学图书馆里招募大学生参与到图书馆服务工作中，是目前高校图书馆发展的一种趋势，高校图书馆的志愿者秉承了"奉献、友爱、互助、进步"的志愿者精神，为大学图书馆的服务力量注入了一股新鲜血液。由于培训层次、专业特色的不同，高校图书馆在馆藏、队伍建设、硬件基础建设等方面与公共图书馆相比，都存在较大差距，尤其是高校图书馆志愿者管理尚处于探索阶段。

二、高校图书馆引入志愿者的意义

1. 节省经费，弥补图书馆工作人员不足

随着图书馆服务模式的改变，图书馆承担的任务更多，服务方式更多，服务内容更广，然而，受编制和经费等因素限制，高校图书馆人员不足与服务需求增长的矛盾日益突出，尽管高校图书馆想方设法解决这个矛盾，但终因人员有限，还是无法满足读者多样化服务需求。组织志愿者服务团队，协助图书馆开展工作，既能优化资源配置，节省经费，提高服务绩效，又可弥补图书馆因人力资源的不足对图书馆服务创新工作造成的影响。

2. 为学生提供社会实践平台，提高志愿者素质

图书馆给志愿者提供的不仅是一个实践的机会，更可以说是一个平台，通过这个平台，志愿者既可以学习和了解图书馆的馆藏知识和管理技能，又可以培养与人交流、协作的职业素质。在这个平台上，志愿者更可以实现思想由不成熟向成熟的转变，学会如何利用平台，发挥自己优势，体现出自我价值，从而得到他人和社会的认可。

三、高校图书馆在志愿者管理过程中存在的问题

1. 管理者观念陈旧、照搬旧模式

高校图书馆的管理者是从其他部门调过来，很多都不懂图书馆专业和工作，甚至就是为了占个领导位置。这种情况下这些图书馆管理者对图书馆志愿服务的狭隘理解、不够重视，导致读者对图书馆志愿服务的理解不到位，认为图书馆志愿者就是为他们做服务性工作，像社会服务行业那样，要求要得到满足。而志愿者都是大学生，这个年龄阶段的大学生自尊心强，经历过几次读者不尊重就会受到打击。这样就导致很多图书馆志愿者的积极性不高，中途退出图书馆志愿者队伍。

2.招募工作缺乏严谨性

一方面图书馆老师没有跟进招募工作，全程交给学生志愿者完成，图书馆老师不参与指导；另一方面招募工作缺乏制度保障，没有一套完善的招募志愿者程序；还有招募工作随意性太强，需要时临时紧急招募，不需要时随时终止志愿服务。

3.志愿者服务工作安排不能因地制宜，内容机械单一

图书馆志愿者服务的随意性强，流动性大，而由于各种因素限制，一些志愿者来到馆里自始至终都不明白该做什么、怎么做，岗位无法确定，职责无法明确，服务内容单一，服务质量很难得到读者的认可。

4.志愿者服务主观能动性不高

从高校志愿者个人素质上来说，对于图书馆志愿者的理解仅仅是去了帮助老师打扫卫生、整理书架等较浅层次的读者服务工作，没有太深刻的奉献想法，对志愿者的理解不够深刻。大多数志愿者愿意主动到图书馆进行锻炼，愿意通过在整理图书和服务读者过程中让自己能够阅读学习，开拓视野，同时也锻炼自己的能力。然而，也有部分志愿者，加入图书馆志愿队伍一段时间后，发现并不是按照最初的想法工作，当初抱着玩一玩、看一看的态度过来参加服务，从而导致服务的主动性不够，服务质量不高。

5.管理机制不健全

图书馆引入志愿者服务的时间不长，相应的制度机制还不完善。当前，我国大部分高校图书馆制度化建设不完善。首先，没有规范的图书馆志愿者管理规章制度和相关工作岗位守则，所以会导致志愿者工作内容变化性、随意性比较大，不规范。其次，没有完善的考核评价制度，从志愿者角度，考核制度不完善会导致志愿者工作的消极性；从图书馆角度，没有评价不知如何进一步完善志愿者的工作。最后，组织部门管理的混乱，图书馆志愿者没有固定的隶属管理部门，会导致各个管理部门都来指导安排图书馆工作。

6.缺乏奖励和惩罚机制

对于"90后"的大学生，经济意识比较强，图书馆志愿者服务岗位没有经

济的补贴，一会导致志愿者积极性、责任感不高，二是导致增加图书馆对志愿者管理的难度。没有奖惩就没有动力。

四、图书馆引入志愿者启示

1. 规范志愿者招募程序，严格志愿者的选拔

对志愿者招募工作有一个规划是实现志愿者选拔的前提和基础。在志愿者招募之前，图书馆工作人员要会同相关部门成立图书馆志愿者管理组织，负责志愿者选拔、招聘、培训和管理等工作，根据实际情况，制定具体的招募书，内容详细，如明确选拔标准、从事的岗位工作。图书馆工作人员参与志愿者面试、选拔、招聘工作，给予足够重视，才能招聘到合适的图书馆志愿者。后期培训、管理等工作，需要图书馆管理者适时指导。

2. 完善高校图书馆志愿者管理制度

首先，建立有效的管理制度；其次，建立合理有效的志愿者流动机制；最后，提倡"老带新"的方法。

3. 建立行之有效的评价与奖惩机制

图书馆制定一套完善的志愿者评标指标，围绕着图书馆志愿者服务态度、服务能力等方面进行评价。奖惩机制应从以下几个方面开展：首先，根据志愿者的考核情况进行奖与罚；其次，联合学校相关部门共同开展这项工作，使志愿者的服务与表现和其他部门相关考核建立关系；最后，要对表现优秀的志愿者进行表彰宣传，树立榜样，以引导更多学生加入图书馆志愿者队伍。

4. 重视志愿者岗前培训

岗前培训其实也就是入职培训，主要是对每一个初入图书馆的志愿者介绍图书馆基本情况、工作流程、行为规范、规章制度，还教授给志愿者完成工作所必需的知识和技能，目的是让志愿者尽快融入到图书馆岗位工作和图书馆团队中来。

除了岗前培训，平时还要注重图书馆志愿者素质培训、技能培训、素养能力培训，图书馆系统的培训一方面能够帮助志愿者对图书馆整个服务工作有个完整的认知，另一方面让图书馆工作人员对于志愿者有更加深入的了解，在安排岗位时可以因人而异使其发挥自己的特长，从而提高图书馆的服务质量。

第二节　志愿者管理与服务模式

高校图书馆志愿者服务不但能够优化图书馆人力资源配置，还能更加有效地建立图书馆和读者沟通平台，促进实践育人目标的实现，对图书馆运行管理、借阅服务、学生培养等均有着积极作用。不过就当前来看，高校图书馆志愿者管理与服务依旧存在一定缺陷和不足，需要尽快采取合理措施加以调整和改善。

一、高校图书馆志愿者管理与服务存在的问题

1. 志愿服务岗位设计不合理

志愿服务岗位是管理志愿者和提供志愿服务的基础，只有在科学、合理的岗位设计下，才能充分发挥志愿者作用，让广大志愿者能够成为促进图书馆运行管理水平和服务水平提升的重要推力。不过就目前来看，志愿服务岗位的设计缺乏足够的科学性与合理性。一方面，部分高校图书馆往往将志愿者视作基础劳动力，并不会安排志愿者参加图书馆内部运行、管理、服务相关工作，通常是让志愿者参与那些需要体力劳动的工作，如上架图书、清洁卫生、节假日值班等。另一方面，学生志愿者自身缺乏志愿服务规划，往往是直奔自己的兴趣爱好并提供服务，但是图书馆安排的工作往往难以遂志愿者心愿，两相冲突下志愿者很容易带着情绪参与志愿工作和服务。在缺乏科学合理设计的志愿服务岗位上，志愿者的作用和优势无法得到完全发挥。

2. 长效管理机制不完善

高校图书馆志愿者管理需要系统化、科学化的长效机制作为基础支持，不

过当前长效机制并不完善，直接导致管理效果较差。首先，志愿者管理制度化、规范化程度低。当前图书馆志愿者主要是由自愿报名和院系团委等统一组织安排而来，二者的主动性、积极性存在一定差异，同时志愿者对图书馆运行管理了解不足，如果缺乏规范化的制度进行基础约束、引导和管理，必然难以取得良好管理成效。其次，没有针对图书馆志愿者成立专门统一的协调管理单位，往往是直接挂靠于学生会社团等，相应的管理难以落实到位，很容易导致志愿者活动虎头蛇尾。最后，是志愿者团队不够稳定。图书馆志愿者流动性较大，有部分学生做志愿者只是为了完成社团实践活动或者获得实践证明，往往是参加一次后便不会再参加。与此同时，不同学生的课余时间存在差异，难以形成长期稳定的志愿团队，这就导致每次志愿活动中志愿者的熟悉程度较低，难以进行高效配合。

3.志愿者激励形式过于单一

对志愿者进行激励能够充分激发他们的主动性和积极性，促使他们在志愿活动中投入更多精力，以更为积极的态度与情绪参与志愿工作，充分实现自身价值。不过目前图书馆对学生志愿者的激励形式较为单一，通常只有最基础的实践证明和精神褒奖，不能满足志愿者的不同需求，难以充分发挥激励作用。

二、构建高水平高校图书馆志愿者管理与服务模式的策略

1.科学设计志愿服务岗位

为了充分发挥志愿者作用，一定要在开展志愿者服务之前科学设计志愿服务岗位，既要凸显图书馆特点与需求，也要针对志愿者实际情况进行合理安排。首先，需要一改之前的志愿者安排理念，准确意识到志愿者对图书馆运行管理和服务的重要作用，不能简单地将志愿者当作基础劳动力，而是要更加关注每位志愿者自身的能力与需求。其次，应当根据图书馆运行管理需要和服务需求，合理设计志愿服务岗位的职责、权力、工作内容等。在图书馆运行管理

方面，志愿者除了做最基层的上架图书、清理卫生、值班等外，还可以参与图书编码、图书分类摆放、图书采购清单编制等工作，更加深入地为图书馆人员分担工作压力。只有这样，志愿者才能真正参与到图书馆运行管理中，充分发挥自身作用促进管理水平提升的同时，增强自身参与志愿活动的参与感和成就感。在图书馆服务方面，志愿者能提供的服务也不应当被局限在图书咨询服务等方面，而是要充分利用志愿者优势，让他们参与到图书馆读者服务活动中去，拉近图书馆与学生读者之间的距离。

2.合理招聘与集中培训志愿者

为了更好地引导志愿者，增强志愿者综合素养，让志愿者能够完全胜任相应的志愿服务岗位，应当对他们进行合理招聘与集中培训。从招聘层面看，尽量减少院系团委统一组织安排的志愿者数量十分有必要，这对提高志愿者群体的整体积极性有着积极作用。而在缺少统一组织安排这一志愿者来源渠道的情况下，则需要进一步创新和拓展招聘渠道，好在信息化时代的到来为此提供了良好条件和支持。图书馆可以通过学校网页、微信、微博、QQ、图书馆电子屏、数字图书馆APP等进行统一宣传，明确招聘岗位、人数、比例等，通过适当筛选，选拔出大量优秀志愿者。在完成志愿者招聘工作后，图书馆还需要及时落实相应的集中培训工作，通过图书馆基本知识普及训练、志愿服务内容培训、志愿服务宗旨和精神培训等，提高志愿者团队整体基本素养。

3.统一管理志愿者团队

对志愿者团队进行统一管理，合理协调，尽量消除时间、能力等客观因素对志愿者之间的配合的影响，从而促进志愿服务水平提升。高校图书馆对学生志愿者基本信息进行收集、整理，重点从岗位、课余时间、特长等方面对学生进行合理分组，让志愿者能够被绑定为多个固定小组。在安排志愿服务工作与活动时，尽量以小组为单位进行操作，能够在可控的范围内促使多名志愿者长期进行合作实践，从而培养各小组志愿者之间的默契，促使小组服务水平提升。

4.健全志愿服务考核奖励机制

对志愿者进行差异化激励，能够充分满足志愿者不同需求，从而更加有效地发挥激励作用，促使广大志愿者能够齐心协力，以积极的心态、饱满的情绪对待志愿工作和志愿服务活动，推动志愿服务水平提升。首先，图书馆需要构建并不断完善志愿服务考核机制，根据不同服务岗位、工作、活动等设置相应的考核制度，严格按照考核制度进行严谨考核，对志愿工作与服务进行全过程监管，尽量保障考核结果的真实性、客观性与可靠性。只有准确反映学生志愿者的志愿服务情况，才能为差异化激励的实现提供基础依据。其次，图书馆应当积极与志愿者进行交流，了解志愿者反馈，对志愿者所思所想所需有正确认知。最后，则可以在精神表彰、发放证书等基础奖励形式之上，结合考核机制、竞争机制、志愿者实际需求等，探索更具个性化、差异化的特殊激励机制。例如采取积分形式，对志愿者表现进行考核与评分，每次志愿服务后为志愿者累计相应的积分，而不同的积分则可以换取不同的图书馆服务、功能等。

5.创新挖掘志愿服务潜力

提高志愿服务水平的关键在于充分发挥所有志愿者的潜力，让志愿者能够成为图书馆管理及服务的中流砥柱。对此应当做到因人而异，根据志愿者自身的专业、性格、能力、知识水平等采取针对性培训、岗位分配、工作安排等，同时遵循志愿者自身意愿，尽量优先安排志愿者参与兴趣浓烈且有所专长的工作，让他们能够充分发挥自身能力，促进志愿服务水平提升，发挥志愿者价值。同时需要进一步深化志愿者团队管理工作，对有大量时间参与图书馆志愿服务的进行深度编组，制订详细的工作计划，赋予这些志愿者更加贴近图书馆岗位的权力，并在职责、管理、考核等方面向图书馆人员靠拢，打造一支更加符合图书馆需要的志愿者队伍。

6.探索基于微课平台的志愿者服务新模式

微课的兴起让高校图书馆的职能作用更为重要，图书馆可以积极尝试将微课平台与志愿者服务相结合的全新模式。高校图书馆在微课教育中的作用主要体现在提供微课资源、微课教学相关资讯及服务等方面，将传统读者服务工作向线上平台拓展。而与高校图书馆人员相比,学生志愿者更加了解互联网背景下广大学生读者的兴趣、爱好、需求等,同时对信息技术操作的掌握更为熟练。组织学生志愿者与图书馆人员交流合作,双方共同就基于微课平台的图书馆服务方案进行研究,在数字图书馆打造中逐步完善相关功能,同时依靠志愿者彻底消除图书馆与学生读者间的隔阂,探索具有高度可行性的微课平台志愿服务模式。

高校图书馆志愿者管理与服务模式尚存在一定缺陷和不足,需要图书馆结合实际情况采取合理措施加以优化和改善。图书馆需要从志愿者管理制度着手,以拓展志愿服务范围、提高志愿服务水平为目标,坚持"以人为本"的基本原则,让广大志愿者能够更加有效地参与到志愿者服务活动之中,提高图书馆读者服务水平。

第三节　志愿者自组织建设

随着志愿者工作在我国的兴起和发展，图书馆逐渐成为志愿者工作实践的重要场所之一，学者对图书馆志愿者的研究也随之展开。在图书馆志愿者理论研究方面，有的引入"经济人"概念，从"经济人"的视角研究图书馆志愿者的激励制度，有的从心理学视角、社会学视角和综合视角研究志愿者行为，有的利用马斯洛需求理论分析志愿者的动机，有的运用人力资源管理理论及组织管理理论指导志愿者的管理。在广大的志愿者队伍中，大学生志愿者青春、有活力，头脑灵活，创造力强，具备优良的基础知识和技能，可塑性强，拥有较多的自主安排时间，在高校图书馆工作中发挥着越来越重要的作用。

一、自组织理论简介

自组织理论（Self-organizing Theory）诞生于20世纪60年代，是研究复杂自组织系统的形成和发展机制的理论，该理论发源于化学领域的化学振荡现象，随后在生命系统和社会系统均有广泛的应用。该理论认为系统从无序向有序演化必须具备三个基本条件：开放系统、非平衡状态和协同作用。在对高校图书馆志愿者组织管理的实践过程中，发现该组织呈现出自组织的基本特征，其特点与自组织理论的理论基础、基本思想相吻合，可以通过实践该理论来解决管理困难，提高工作效率，促进服务创新。

二、高校图书馆志愿者组织的主要管理模式及难点

现有高校图书馆志愿者组织的管理模式主要有两种：一种是由图书馆成立专门的志愿者管理办公室，下设职能小组，由各小组负责具体的活动项目，对志愿者进行管理，建立志愿者组织，如华南农业大学图书馆建设的电子资源推广志愿者团队。另一种是志愿者成立自组织，完成志愿者在图书馆服务过程中的一切辅助工作，并定期与图书馆进行服务心得交流，如中国科学技术大学图书馆完全由志愿者自主报名的校芳草社图书馆资源服务分队、温州医学院图书馆志愿者组织、日本筑波大学附属图书馆的"图书馆志愿者协会"等。高校图书馆志愿者队伍的流动性、不稳定性是一个普遍特征，利用传统的理念和手段进行管理必将面临许多困难，有学者认为此特征是对其有效管理的最大障碍，直接影响了志愿者服务的持续发展，但在自组织视域下，该特征能够在一定条件下转化为优势并促进有序自组织生成。要顺利实现该转化，需要从志愿者的主要工作内容、有序自组织产生的三个基本条件及负熵引入途径来进行分析。

三、高校图书馆志愿者自组织产生的条件

1. 中外高校图书馆志愿者主要工作内容

在国内，内地高校图书馆志愿者角色主要经历了勤工助学、学生义工、临时馆员、学生助馆等阶段，其服务水平和服务层次不断提升，服务内容几乎嵌入了图书馆日常基础工作的方方面面。一些高校图书馆也推出了基于志愿者的特色服务。例如，华南农业大学图书馆将高校图书馆志愿者服务内容进一步延伸到电子资源的宣传推广和培训工作，建立基于培训志愿者的读者培训模式，开展电子资源竞赛活动，利用微博、微信等平台进行宣传推广，使电子资源利用率得以显著提升；上海交通大学图书馆利用"真人图书"志愿者开展真人图

书馆阅读推广活动，受到了用户的欢迎和热捧；清华大学图书馆、南京师范大学图书馆和四川大学图书馆等组织志愿者在人人网和开心网等知名SNS网站上构建图书馆，利用网络提供志愿者服务。在港台地区，香港中文大学图书馆24小时学习空间在闭馆期间由1名保安和1名兼职图书馆助理（在读学生）管理。台湾志愿者工作内容包括图书搜寻、复印资料扫描、电脑维护、网页制作等，有的大学图书馆还招募特殊岗位的志愿者，如故事志工、钢琴志工等。

在国际上，日本筑波大学附属图书馆于1995年6月率先在日本大学图书馆界开展志愿者活动，主要活动包括馆内窗口导游服务，指引资料放置场所和终端检索操作，针对盲人进行面对面读书服务和查找资料服务，外国人多语种支持，开展图书馆公益事业，如举办展览会、讲演会等。在美国，西北大学图书馆、杜克大学图书馆等均提供了较多的工作岗位，主要包括图书馆管理岗位、数字馆藏咨询岗位、前台咨询岗位、信息共享岗位、网络技术岗位、书库管理岗位、数字化加工岗位、图书搬运岗位、书架修理岗位、流通服务台岗位、档案整理岗位等。美国高校学生可以根据自身的能力特点、爱好选择岗位，也可以在多个岗位的工作中学习图书馆基础知识、数据录入、软件安装、服务礼仪等多方面的知识，有利于其实践能力的提高。美国宾州印第安纳大学图书馆充分发挥学生社团的作用，选择一些素质较高、热爱读书、勤奋学习、责任心强、工作负责的学生协助导读工作。

2.高校图书馆志愿者自组织产生的三个基本条件

基于文献调查，中外志愿者参与高校图书馆的工作主要有三种类型：通过奉献时间、精力或者体力就能完成的工作，经过简单培训就能够胜任的工作和本身具备某种特长，将其应用于高校图书馆服务的工作。这些类型的工作相对于大学生志愿者而言，工作简单，容易上手，很快就能够积累相关工作知识、技能和经验，在实际工作中相互间容易自发地形成某种默契，各尽其职协同工作，同时志愿者年龄相近，起点相当，背景相似，个性能够自由发挥，组织成员之间的关系呈现复杂性，如同学关系、同乡关系、朋友关系、舍友关系、爱慕关系、竞争关系等，组织内部具备自发形成一个相互协作、自由竞争的系统环境，容易产生协同作用，高校图书馆志愿者组织具备自组织产生的两个基本条件。

图书馆志愿者队伍人员流动性、不稳定性是系统偏离平衡态的表现，针对这种动态的组织和各种不确定性强、难以把控的问题，需要使用动态的管理办法进行管理创新。开放系统形成自组织结构的耗散结构理论的基本思想指出：一个封闭的系统总是趋于混乱，而开放系统在远离平衡态并存在负熵流时，可能形成"稳定有序的耗散结构"。这种结构是一种动态有序的结构，在传统管理手段看来的管理难点正是图书馆志愿者自组织形态形成的第三个重要条件。

3.高校图书馆志愿者自组织形成的负熵引入

耗散结构理论指出，要让该系统能够稳定有序地运转，最关键的因素就是需要引入足够的负熵流。图书馆志愿者组织引入足够的负熵流包含三个主要途径，即积极吸纳新成员、创造求大于供的志愿岗位和志愿者个体甄别与筛选。

（1）积极吸纳新成员。"引入"即积极吸纳新成员。志愿者从事志愿服务的动力来源可以分为外部因素和内部因素。在外因方面，高校积极倡导大学生提供志愿服务，一些高校将其与学生的一些考核挂钩，使得志愿服务岗位的需求成为高校学生的刚需。通过调查，约75%的同学是为了满足学校规定时长而选择来图书馆做志愿者，该类型的志愿者流动性强，一般完成相关时长后就不再继续从事志愿工作，该类志愿者占主体地位。而表现优秀、相对长期稳定从事志愿工作的学生占比比较小，如申请奖学金、贫困补助、评先评优、入党、申请星级志愿者的人数约占总人数的10%。在内因方面，随着图书馆服务的创新发展和功能提升，空间再造使读者拥有更美观舒适的环境、更完善的设施和更贴心的服务，各类阅读活动和展览在图书馆陆续开展，图书馆逐步成为新的创作中心、交流中心和休闲中心，其对大学生的吸引力也在日益增强。学生志愿者作为直接参与相关工作的人员，既是图书馆的受益者，也能成为图书馆服务的供给者，相关工作能够让他们更熟悉图书馆，提升相关知识，提高图书馆资源利用水平，增加工作经验，扩大朋友圈，图书馆还会通过奖励的方式对表现优异、完成特定工作或者有特殊贡献的志愿者给予额外奖励，如时长奖励、积分奖励、资源使用权限和使用范围扩展等，志愿者也很容易被相关的利益所打动，愿意成为组织的一员。通过问卷调查，在加入志愿者队伍中，有71%的学生受到图书馆文化的吸引，因为对图书馆环境与氛围的喜欢而加入图书馆志愿者队伍，有67%的同学想要结识更多的新朋友，锻炼自己的社交能力，有66%的学生认为加入志愿者队伍可以丰富课余生活，充实自己，有55%的同学想要学习与图书馆相关的文化与知识。由此可见，内部因素和外部因素决定了图书馆的志愿者岗位具备强大的吸引力，图书馆应该珍视自己的优势与魅力，积极开展有针对性的线上线下宣传，重点招募长期稳定从事志愿工作的人员，扩大其在志愿者整体中所占比重。

（2）控制岗位的供给。"足够"即是需要形成志愿者供给大于志愿者岗位需求的局面。对志愿者岗位的供给，不能因为不必为志愿者的劳动支付过多额外成本而大水漫灌、重复劳动浪费志愿者资源，要让志愿者岗位成为稀缺品，增强其对志愿者的吸引力和获得感。相关工作的展开不能急于求成，需要循序渐进，根据实际情况从吸纳最少量的志愿者开始，让工作流程稳定，所需知识技能明确，风险把控完备后再逐步适度扩张。如果出现志愿者供给不足的情况，需要积极分析原因，调整工作进度，减少岗位供给，确保岗位供给稀缺。

（3）志愿者个体甄别与筛选。由于高校大学生志愿者先天条件优越，对于高校图书馆分配的三种类型的工作，一般都能够胜任，但是在实际的操作过程中，由于粗心大意、误解或者沟通不畅等原因，也会存在差错，导致混乱加剧，因此就需要对志愿者个体进行甄别与筛选，在工作中尤其是工作初期需要特别注意，应该及时地给予工作质量反馈，积极进行指导和信息交流，确保工作向有序方向发展。对于极少数工作态度不端导致整体工作混乱的个人，需要给予批评教育，帮助其改正，促其成长；对于表现优异的个人，可以给予奖励，了解其特长，委以重任，充分发挥系统的负熵作用。

四、高校图书馆志愿者自组织创新成果

有一个最优路线设计的自组织行为案例广为流传，即如何设计路线让目的地方向不同的行人更方便地穿过一片草地。通常的解决方案是，只要完全开放草地，经过一段时间的行走后，最优路线会自然地被踩踏呈现出来。在图书馆也存在同样的现象，开放式休闲阅读空间的家具经过一段时间的使用后，阅读桌椅沙发等的摆放位置会与最初设定的位置大相径庭，但却更加趋于合理，易于读者使用。在图书馆办展览的学生，在被允许自主使用图书馆活动展台和展览物品后，总能激发出许多创造的火花，让展览形式推陈出新，让展览更具艺术气息。2012年清华大学图书馆由学生自编、自导、自演的以图书馆为主题的营销视频"爱上图书馆"获得IFLA国际营销奖第一名，成为中国首个获得该奖项第一名的图书馆。

在自组织理论视域下，高校图书馆大学生志愿者作为图书馆各类服务的受益者和部分服务提供者，能够站在一个全新的角度，用更强的创造性思维，为读者用户和图书馆带来各种惊喜。图书馆可以加强志愿者自组织建设，积极吸收拥有各类专长的优秀志愿者拓展各类特色服务。

图书馆志愿者队伍是图书馆建设的一支重要生力军，对其的管理已经成为图书馆日常管理工作的一个重点和难点，管理者应该积极吸收新理论和新的管理方法来解决工作中的实际问题。图书馆志愿者团体呈现出自组织特征，具备有序自组织产生的前提条件，然而自组织理论是一个复杂的系统理论，如何利用好该理论指导实践工作，还需要管理者根据实际情况深入调查，重视和发掘志愿者的积极性、主观能动性和创新意识，将其能力诱导出并转化为图书馆的特色服务，提高图书馆资源与空间的利用效率，提升广大读者用户对图书馆的满意度。

参考文献

[1] 张月英."经济人"视角的图书馆志愿者激励研究[J].图书馆，2015.

[2] 徐步云，贺荟中.西方志愿者行为的研究综述[J].中国青年研究，2009.

[3] 白兴勇.美国图书馆志愿者研究述略[J].图书馆，2015（5）：51.

[4] 白克冰.管中窥豹——近观美国宾州印第安纳大学图书馆的启示[J].图书馆学刊，2010.

[5] 陆俊.图书馆志愿者服务方案探讨[J].图书馆理论与实践，2013.

[6] 陈建红.大学生培训志愿者电子资源推广创新模式实践[J].图书情报工作，2015.

[7] 周小依.合肥地区高校图书馆志愿者管理研究[D].合肥：安徽大学，2019.

[8] 陈艺.加强高校图书馆志愿者工作的思考[J].图书馆杂志，2009.

[9] 张铁娥，富月娥.日本大学图书馆界志愿者活动简介[J].图书馆杂志，2002.

[10] 陈艺.开展高校图书馆志愿者服务的新思路[J].图书馆工作与研究，2011.

[11] 陈建红.大学生培训志愿者电子资源推广创新模式实践[J].图书情报工作，2015.

[12] 孙广成.面向用户的公共图书馆志愿者服务延伸途径研究[J].图书与情报，2014.

[13] 陈颖.港台地区大学图书馆24小时学习空间发展现状及启示[J].新世纪图书馆，2015.

[14] 汪海波.台湾地区大学图书馆志工制度调查与分析[J].图书馆建设，2009.

[15] 徐恩元，黄黄.我国图书馆志愿者研究综述[J].图书馆论坛，2011.

[16] 蔡冰.论图书馆读者服务的艺术.图书馆理论与实践，2009（7）.

[17] 钟鸣.让书香浸润心灵.中小学图书情报世界，2009（11）.

[18] 王晓艳.对待借书超期者多些人文关怀.中小学图书情报世界，2009（11）.

[19] 李丽楠.浅谈高校图书馆的核心价值.中小学图书情报世界，2009（12）.

[20] 刘久昌，宁国誉.怎么利用图书馆.书目文献出版社，1981.

[21] 陈丽芬.新时期中学图书馆导读工作探讨[J].科技情报开发与经济，2011（27）.

[22] 何珊.信息时代中学图书馆导读工作新探[J].湖南科技学院学报，2011（12）.

[23] 胡晓英.信息时代背景下中职院校图书馆导读服务的创新探讨[J].中国科教创新导刊，2014（6）.

[24] 贾英阁.网络环境下图书馆员的作用及馆员队伍建设[J]中小学图书情报世界，2011：12-13.

［25］王育菁.基于用户需求的高校图书馆信息服务探讨[J].情报理论与探讨，2009
（11）：84-85.

［26］叶勤.图书馆快速响应服务机制及其实施[J].现代情报，2007（11）：29-31.

［27］王新明.网络环境下用户信息需求与服务研究[J].江西图书馆学刊,2005(5):115-116.

［28］方向明，张海霞.论复合图书馆用户信息需求拓变及应对举措[J].图书馆论坛，
2009(5): 119-121.

［29］卓宝光，钟辉新.新形势下高校图书馆用户信息需求特点、面临问题与服务
对策[J].情报探索，2008（10）：105-107.

［30］刘基墙.信息化背景下高校图书馆文库管理模式的构建[J].河南图书馆学刊，2019，
39(5): 46-47.

［31］高慧，张团翔.网络信息化背景下图书资料管理优化创新探析[J].现代信息科技，
2019，3（2）：157-158.

［32］刘永，赵旺，任妍.跨界融合模式创新驱动档案信息化建设探讨：以智慧城市
档案管理云平台体系建设为例[J].档案管理，2017（3）：4-9.

［33］任树怀，盛兴军.学习共享空间的构建[J].大学图书馆学报，2008（4）：20-26.

［34］BEAGLE D.Conceptualizing an information commons[J].TheJournal of Academic
Librarianship，1999，25（2）：82-89.

［35］吴建中.开放存取环境下的信息共享空间[J].国家图书馆学刊，2005（3）：7-10.

［36］BEAGLE D.The eme rgent i n formation common s：philosophy，models，and 21st century
learning paradigms[J].Journal ofLibrary Administration，2010，52（6/7）：9-10，17.

［37］吴四彦，詹庆东.数字化学习共享空间模型的构建研究[J].图书馆学研究，2014
(19): 18-22.

［38］REN S，SHENG X，LIN H，et al.From information commons toknowledge commons
building a collaborative knowledge sharingenvironment for innovative communities[J].
Electronic Library，2009，27（2）：247-257.

［39］许春漫.当代学习理论视阈下图书馆学习共享空间的构建[J].情报资料工作，
2013(1): 27-32.

［40］HARLAND P C.The learning commons：seven simple steps totransform your library[M].
Englewood：Libraries Unlimited Inc，2011.

［41］TURNER A，WELCH B，REYNOLDS S.Learning spaces inacademic libraries：a review
of the evolving trends[J].AustralianAcademic & Research Libraries，2013，44（4）：226-234.

［42］SPENCER M E.Evolving a new model：the informationcommons[J].Reference Services
Review，2006，34（2）：242-247.

[43] SEAL R A.Library spaces in the 21st century：meeting the challenges of user needs for information，technology，and expertise[J].Library Management, 2015, 36 (8/9)：558-569.

[44] WHITCHURCH M J.Planning an information commons[J].Journal of Library Administration，2010，50（1）：39-50.

[45] YOO-LEE E Y， VELEZ L T， LEE T H.Planning library spaces and services for Millennials：an evidence-based approach[J].Library Management，2013，34（6/7）：498-511.

[46] SANTOS I M, ALI N, HILL A.Students as co-designers of a virtual learning commons：results of a collaborative action research study[J].Journal of Academic Librarianship, 2016, 42(1)：8-14.

[47] 王迪，司莉."211工程"高校图书馆学习共享空间的调查分析[J].图书馆论坛，2014（1）：22-26.

[48] 王婉，王萍.从IC到AC：国外大学图书馆学术共享空间的发展与启示[J].图书馆学研究，2011（16）：82-86，89.

[49] 孙玉玲、赵瑾.面向研究生的集成信息服务——中国科学院国家科学图书馆总馆IC案例研究[J].图书馆建设，2009（3）：56-60.

[50] 孙权.立体化多功能全开放——从中国人民大学图书馆新馆的空间布局与功能定位谈起[J].晋图学刊，2012（2）：5-8.

[51] 张建军，廉莲.数字化学习共享空间概论[M].武汉：华中师范大学出版社，2011.

[52] 袁代蓉.信息共享空间下的图书馆员角色变革[J].图书馆，2011（5）：98-100.

[53] 黄琴玲，兰小媛，陈幼华.高校图书馆共享空间研究现状与发展展望.数字图书馆论坛，2017（7）：41.

[54] 胡娴洁，陈明.高校图书馆信息共享空间参考咨询服务研究[J].图书馆理论与实践，2015（2）：85-88.

[55] 詹华清，卢志国.学习共享空间的规划过程及其评价方法[J].图书馆建设，2009（7）：57-60，63.

[56] 黄付艳.基于模糊聚类分析的信息共享空间评价[J].图书馆，2012（1）：96-98.

[57] 王素芳，白晋铭，黄晨.高校图书馆信息共享空间服务质量评估研究——以浙江大学为例[J].大学图书馆学报，2017（2）：26-38.

[58] 王瑜.智慧图书馆推进现代公共文化服务体系构建的研究[J].图书馆界，2017（2）：8-11.

[59] 饶增阳.智慧图书馆时代高校图书馆服务创新策略[J].图书馆理论与实践，2016（12）：75-76.

[60] 姜勇.大数据时代高校图书馆科研情报服务体系构建研究[J].农业图书情报学刊，2017（3）：141-144.

［61］汪海波，胡昌平.近年来我国图书馆志愿者研究综述[J].图书馆，2012.2.

［62］徐恩元，黄黄.我国图书馆志愿者研究综述[J].图书馆论坛，2011.6.

［63］洪文梅.公共图书馆志愿者服务管理的探讨[J].图书馆论坛，2010.2.

［64］马骐.我国公共图书馆志愿者服务初探[J].科技情报开发与经济，2013.23.

［65］张秀荣.关于公共图书馆志愿者队伍管理的几点思考[J].图书馆工作与研究，
　　　2010.12.

［66］董艳绯.浅谈高校图书馆与公共图书馆的共建共享[J].齐齐哈尔医学院学报，2006
　　　(10)：1235.

［67］宋淑红.公共图书馆与高校图书馆整合初探[J].科技情报开发与经济，2009 (12)：
　　　60－62.

［68］廖球.广西高校图书馆与公共图书馆资源整合研究[J].图书情报工作，2010 (09)：
　　　72－75.

［69］刘淑芹.地方院校与政府共建图书馆问题探讨[J].内蒙古科技与经济，2009 (24)：
　　　158－159.

［70］李长春.在国家图书馆建馆100周年庆祝大会上的讲话[N].人民日报海外版，2009－
　　　09－10 (01)．

［71］李奎香.对现代图书馆与传统图书馆的比较与研究[J].教育与科研，2008 (3)．

［72］熊武金.新时期读者服务工作的创新[J].图书馆理论与实践，2002 (5)．

［73］朱晓.浅谈高校图书馆的服务创新[J].镇江高专学报，2010 (1)．

［74］刘敏榕、翟金金.开放存取环境下高校图书馆创新信息服务的实践与启示——
　　　以福州大学图书馆为例[J].情报杂志，2009 (12)．

［75］李丽等.高校图书馆全方位学科咨询服务创新实践[J].图书馆建设，2010 (5)．

［76］郭金萍.浅谈新形势下高校图书馆信息服务创新途径[J].中国新技术新产品,2009(12).

［77］汪善建.论高校图书馆信息服务创新[J].图书馆，2005 (1)．

［78］张亦学.拓展高校图书馆社会服务和经营职能[J].图书馆理论与实践，2004 (4)．

［79］周三多，陈传明，鲁明泓.管理学——原理与方法[M].上海：复旦大学出版社，2009.

［80］陈振明.公共管理学原理[M].北京：中国人民大学出版社，2003.

［81］周慧.高校图书馆绩效管理研究[D].山东大学，2011.

［82］陈雅洁.高校图书馆的营销策略研究[D].广西民族大学，2012.

［83］柳卫莉，卢娅.高校图书馆学科馆员服务效果调查分析[J].图书馆，2010(6)：66-68.

［84］杨错，蒋若冰，熊丽.第二代学科馆员的学科化服务[J].图书馆学刊，2010(10)：52-54.

［85］陈万梅：浅谈高校图书管理创新[J].科学之友，2010 (11)：102.

［86］刘旭，于瑞云：新世纪图书馆发展战略探讨[J].图书馆建设，2001 (2)：12-15.

[87] 初景利：复合图书馆的概念及发展构想[J].中国图书馆学报，2001（3）：48-50.

[88] 吴绮云：高校图书馆的管理创新[J].泉州师范学院学报(自然科学),2004(4):113-116.

[89] 甄旭.对复合图书馆信息资源管理问题的思考[J].图书馆工作与研究,2006(5):40-42.

[90] 刘淑玲.网络环境下高校图书馆的知识管理与知识服务[J].情报科学，2010（4）.

[91] 李红丹.高校图书馆知识管理之应用价值初探[J].图书馆学研究，2010（7）.

[92] 周燕，谭俐娜，肖泽旺.论高校图书馆知识管理的发展趋势及创新服务[J].企业家天地理论版，2008（2）.

[93] 李蕾.有关第二代知识管理在高校图书馆管理中的具体应用[J].赤峰学院学报（自然科学版），2015（30）：140－141.

[94] 李超.知识管理在高校图书馆管理中的应用[J].卷宗，2015（7）：78.

[95] 郝瑛.知识管理在高校图书馆管理中的创新应用[J].金田，2014（11）：331.

[96] 徐宜秋.创新理念下学校图书馆管理的实践与思考[J].教学仪器与实验，2014（05）.

[97] 彭丹.以人为本理念下高校图书馆管理创新研究[D].西南大学，2014.

[98] 黄文芳.基于信息共享空间理念的图书馆管理服务创新策略[J].黑龙江史志，2015(11).

[99] 陈万梅.浅谈高校图书管理创新[J].科学之友，2010（11）：102.

[100] 刘旭，于瑞云.新世纪图书馆发展战略探讨[J].图书馆建设，2001（2）：12-15.

[101] 初景利.复合图书馆的概念及发展构想[J].中国图书馆学报，2001（3）：48-50.

[102] 吴绮云.高校图书馆的管理创新[J].泉州师范学院学报（自然科学），2004（4）：113-116.

[103] 孟庆涛.图书馆知识管理对图书馆管理的创新[J].中国民族博览，2019（12）：255-256.

[104] 温怀琴.图书馆知识管理对图书馆管理的创新[J].农村经济与科技,2018(24)：250.

[105] 林芳.图书馆知识管理对图书馆管理的创新探析[J].人才资源开发，2017(2):144-145.

[106] 何建新.基于知识管理的图书馆服务创新研究[J].科技展望，2017（11）：237.

[107] 孟维炜.分析知识管理在高校图书馆管理中的应用[J].教师，2019（23）：123-124.

[108] 热娜·马木提.网络环境中大学图书馆的管理创新探究[J].办公室业务,2017(7):177.

[109] 蒋杰.基于知识管理背景下医院图书馆管理创新分析[J].人力资源管理，2017(10)：278.

[110] 王珂.知识管理支持下高校图书馆学科服务探讨[J].科技展望，2017（5）：246.

[111] 郑晓川.基于知识管理的图书馆管理模式探讨[J].科学中国人，2017（32）：94.

[112] 刘志芳.基于知识管理的图书馆服务创新探讨[J].科学中国人，2017（21）：112.

[113] 安琳.论公共图书馆知识服务空间的构建——基于隐性知识管理的视角[J].内蒙古科技与经济，2017（4）：119-122.

[114] [英]玫·笛德，[英]约翰·本珊特，[英]基思·帕维特著.王跃红、李伟立译.管理创新（第三版）[M].清华大学出版社，2008.

[115] 张建峰.加强企业管理创新的途径研究[J].管理学研究，2011（08）：151-152.

[116] 阎志华.高校图书馆管理创新综述[J].图书馆学研究，2005（01）：39-42.

[117] 高军.图书馆服务创新策略浅谈[J].图书馆工作与研究，2010（9）：96-98.

[118] 张霞.论信息时代高校图书馆管理创新[J].图书馆工作与研究，2003（2）：60-61.

[119] 陈黎敏.基于信息化视角的图书馆管理创新研究[J].高等教育，2011（1）：91-92.

[120] 董全中.我国高校图书馆管理创新的探讨[J].图书馆工作与研究，2007（5）：15-17.

[121] 冯毅.高校图书馆管理创新[J].图书馆工作与研究，2012.

[122] 韩建明.如何进行高校图书馆管理工作的创新改革[J].课程教育研究，2019(26):244.

[123] 罗玉琴.对高校图书馆读者服务创新路径的几点思考[J].才智，2017(31)：167.

[124] 盛小平，徐引篪.基于知识管理的图书馆管理模式探索[J].中国图书馆报，2005（6）：18.

[125] 叶大恩.网络信息下的图书馆管理系统[J].中国科技创新导刊，2009（23）：249.

[126] 白安娜.我国高校图书馆管理集成系统的选择[J].农业与技术，2007（2）：201.

[127] 张海藩.软件工程导论（第四版）[M].北京：清华大学出版社，2003.12.

[128] 王珊.数据库系统概论（第四版）[M].北京：高等教育出版社，2006.5.

[129] 张亦辉，冯华，胡洁.JAVA面向对象程序设计[M].北京：人民邮电出版社，2008.10.

[130] 郭佳.浅谈网络环境下高校图书馆馆际互借服务的发展[J].科技情报开发与经济，2010（32）.

[131] 陈翠英.我国高校图书馆开展馆际互借服务工作初探[J].科技信息，2010（23）.

[132] 胡伟伟.信息时代图书馆馆际互借之思考[J].农业图书情报学刊，2010（8）.

[133] 李娟.现代图书馆的藏书剔除工作[J].图书馆论坛.2006（26）3：255-256.

[134] 张泽梅.国内高校图书馆管理集成系统的选择[J].图书馆学研究.2006（1）：53-54.

[135] 李祥.图书馆自动化系统应用现状分析[J].科技情报开发与经济.2008（7）：30-31.

[136] 郝亚玲.全面质量管理思想与大学图书馆质量管理体系的建立[J].宝鸡文理学院学报，2004（10）.

[137] 黄颖梨，黄莹桦.浅谈高校图书馆质量管理的方法[J].科技信息，2010（27）.

[138] 高萍.网络环境下高校图书馆质量管理[J].彭城职业大学学报.2004（3）.

[139] 王玲，樊长军.完善高校图书馆质量管理体系之我见.图书馆学刊.2008（6）.

[140] 姚战军.论高校图书馆质量管理.黑龙江科技信息.2008（34）.

[141] 晃行国.高校图书馆质量管理体系的构建[J].图书馆学刊，2010（7）.

[142] 黄晓花.试论高校图书馆质量管理的方法与途径[J].新余高专学报，2009（8）.